Barthold Strätling

Sucht beginnt im Kindesalter

Seelisch gesund, froh und lebenstüchtig aufwachsen
So fördern Eltern positiv die Entwicklung ihres Kindes

SÜDWEST

Inhalt

Vorwort

Wie alt ist Ihr Kind jetzt – drei, fünf oder sieben Jahre alt? Können Sie sich überhaupt vorstellen, daß Ihr Kind jemals in irgendwelche Abhängigkeit gerät? Können Sie sich vorstellen, daß es Menschen gibt, die so gewissenlos sind, daß sie auf Schulhöfen oder Spielplätzen Drogen anbieten und die Kinder probieren lassen – kostenlos, selbstverständlich? Und können Sie sich darüber hinaus vorstellen, daß Ihr Kind einmal an Freunde geraten könnte, die Drogen nicht nur probieren, sondern sogar konsumieren? Und gar nicht kostenlos?

Was tun?

Erfahrungen zeigen – insbesondere die Lebensgeschichten vieler junger und älterer Süchtiger – daß die Gefahr, in den Bannkreis der Sucht zu geraten und sich darin zu verfangen, bei solchen Menschen am geringsten ist, die nicht nur körperlich, sondern auch seelisch stabil sind, die eine positive Grundeinstellung dem Leben gegenüber entwickeln und ein großes Zutrauen zu sich selbst und Hoffnungen auf eine lebenswerte Zukunft haben.
Die Konsequenz aus dieser Feststellung heißt dann aber: Der beste Schutz unserer Kinder vor derartigen Gefährdungen besteht darin, daß wir sie zu starken, gesunden und lebensfrohen Menschen erziehen, daß wir ihnen die Bedingungen schaffen, die ihnen Stärke, Gesundheit und Lebensfreude ermöglichen. Eine auf positive Entwicklung hin ausgerichtete Erziehung ist die beste Suchtprophylaxe bei Kindern. Jedenfalls besser als das starre Hinschauen auf mögliche Lebensrisiken und die angstvollen Versuche, die Kinder um jeden Preis davor zu bewahren.

Kinder brauchen Mut zu sich selber und Mut, Schwierigkeiten und Probleme nicht aus dem Weg zu gehen, sondern nach Lösungen zu suchen, die ihre Kompetenz stärken.

Vermeidung von Anfälligkeit durch Stärkung der Persönlichkeit, des Selbstbewußtseins und des Selbstvertrauens des Kindes sind die Maximen. Wie dies geschehen kann, ist der eigentliche Inhalt dieses Buches. Je mehr ich mich mit der Materie befaßte und mich mit den Erfahrungen von Suchtkranken, von deren Eltern und den Erkenntnissen von Medizinern, Psychologen und Sozialarbeitern auseinandersetzte, desto mehr wurde mir klar, daß der Titel dieses Buches seine Berechtigung hat. Auch wenn wir nicht davon reden können, daß schon im Kindesalter gewissermaßen die Weichen für eine zwangsläufige spätere Suchtkarriere gestellt werden, gibt es Beobachtungen und Entwicklungen, die nachdenklich machen, Verhältnisse und Verhaltensweisen, die beim Kind zumindest das Entstehen einer Anfälligkeit für Suchtverhalten begünstigen. So müssen neben der Frage nach der positiven Erziehung auch die Warnung vor möglichen Gefährdungen, das Nachdenken über die Lebenssituation in den Familien und in vielen Fällen wohl auch die Veränderung der bisher praktizierten Erziehung und des erzieherischen Verhaltens Themen dieses Buches sein.

Frühe Erfahrungen von Nähe und Geborgenheit machen Kinder stabil für ein Leben, das sich ganz zwangsläufig nicht in einer heilen Welt abspielen wird.

Seelisch stabil und lebenstüchtig

Das Kind läuft vor, bleibt stehen, um zu staunen, wird aufgefordert nachzukommen, fragt dieses und jenes, möchte es erklärt haben. Und wenn der Weg schwierig wird, schiebt es ganz selbstverständlich seine kleine Hand in die des Erwachsenen.

Wer mit einem kleinen Kind eine Wanderung durch die Natur unternimmt, wird überrascht sein, was dieses so alles entdeckt, worüber es staunen kann. Es sieht und findet viel Wunderschönes und Interessantes, das dem Blick des Erwachsenen – aus ca. einem Meter siebzig – glatt entgeht. Eine schöne Blume, eine bunte Häherfeder, die Eidechse. Immer wieder die Aufforderung an den Erwachsenen: „Schau doch mal!"
Dieses Bild von der gemeinsamen Wanderung, von der Entdeckungsreise ins Leben, das unzählige Überraschungen bereithält, erscheint mir sehr passend für das Verhältnis von Eltern und Kindern zueinander. Miteinander entdecken, nach Erklärungen und Zusammenhängen fragen, und wenn es schwierig wird, Hilfe, Schutz und Führung suchen, ist angesagt.

Stark für den eigenen Weg

Eltern und Kinder sind Weggefährten ins Leben, die einander ein Stück weit begleiten, sich aber irgendwann trennen, ihre eigenen Wege gehen müssen. Dann muß das Kind stark und groß genug sein, sich den eigenen Pfad zu suchen, ihn sich vielleicht zu bahnen.
Die beste Vorbereitung eines Kindes auf sein Leben besteht darin, ihm zu helfen, jene Eigenschaften, Fähigkeiten und Talente zu entwickeln und zu stärken, sie zu trainieren, die es braucht, Schwierigkeiten und Probleme, die an seinem Weg lauern werden, zu bewältigen und zu meistern. Groß und stark und lebenstüchtig soll es werden.

Kinderleben ist die Fülle der Überraschungen und Ent-deckungen, ist Staunen und Be-greifen und ganz viel Vertrauen in die Erwachsenen.

Aber da spukt ja in vielen Köpfen aus der Zeit der soge-nannten antiautoritären Erziehung noch der bekannte Satz: „Das gegenwärtige Glück des Kindes darf seinem zukünftigen Glück nicht aufgeopfert werden". Nun könnte man fragen, was denn das Glück des Kindes eigentlich ist, und den Satz umdrehen und den Verdacht äußern, daß eine sich daran orientierende Erziehung darauf hinauslaufe, das zukünftige Glück dem gegen-wärtigen zu opfern – was immer man unter Glück ver-steht.

Glück und Wohlbefinden

Das ist im Leben des Menschen weder erreichbarer Dauerzustand noch eine bestimmte Größe. Und was das Kind heute glücklich macht, kann es morgen schon langweilen. Es muß lernen, zu erleben und zu genießen, was es glücklich macht, aber auch, sich selbst und anderen Glück zu bereiten und sich daran zu erfreuen. Es gibt keine Erziehung ohne Ansprüche und Anforde-rungen an die Kinder und an die Eltern. Im Hinblick auf das Leben von morgen liegt eine Schwierigkeit darin, daß niemand, auch kein Zukunftsforscher, dem eine Fülle von Informationen und Daten zur Verfügung steht, verläßlich sagen kann, wie dieses Leben konkret aussehen wird, welche Anforderungen das Überleben und das Leben in der Welt von morgen an unsere Kinder stellen werden. Wie also kann dann deren Vorbereitung darauf aussehen, die wir heute leisten müssen?

Fähigkeiten und Eigenschaften

Was wir aber sehr wohl wissen, aus unserem eigenen Leben und aus den Erfahrungen der Menschen, ist, daß es bestimmte Situationen und Vorkommnisse gibt, denen niemand ausweichen kann, die bewältigt werden müssen. Indem wir unseren Kindern helfen, die dafür nötigen Fähigkeiten und Eigenschaften zu entwickeln, machen wir sie stark und lebenstüchtig.
Letztendlich geht es um eine Erziehung zur seelischen Gesundheit und Stabilität. Was dazu erforderlich ist und wie sie aussehen kann, darüber nachzudenken wollen die folgenden Thesen und Regeln einen Anstoß geben.

Was Kinder zum Leben brauchen

• Alle Autorität geht vom Kinde aus. Das Kind braucht Autorität und sucht sich seine Autoritäten!
Ein Vorwurf trifft die Eltern früherer Generationen sicher zu Recht, daß sie nämlich autoritär waren und Kinder – und sonstige „Untergebene"! – ihrem Willen unterwarfen. Versuche, in der Erziehung auf Autorität zu verzichten, erwiesen sich als auch nicht viel besser. Unterdrückten die einen die Freiheit und den Willen des Kindes, verweigerten ihm die anderen die führende und leitende Begleitung.
Eine der schlimmsten Ängste, die Kinder treffen können, ist die, von den Eltern verlassen zu werden. Alle

Weil jedes Kind anders ist und weil Familien verschieden sind, müssen Eltern ihren Weg und ihr erzieherisches Verhalten selbst finden und dabei sowohl die Befindlichkeit des Kindes als auch die eigene Situation und Belastbarkeit berücksichtigen.

Die Angst, verlassen zu werden, bringt Kinder dazu, sich den Eltern anzupassen und alles zu tun, um deren Zuneigung nicht zu verlieren.

Bemühungen, sich die lebenswichtige Zuwendung der Erwachsenen zu erhalten, sind von daher ebenso bestimmt wie der Wunsch, sich ihnen anzupassen und ihnen zu entsprechen.

Indem das Kind sich ihnen anzupassen versucht, macht es sie für sich zum Vorbild. Ihr Leben gibt das Grundmodell seines eigenen Lebens ab. Wo immer zwischen einem Kind und einem Erwachsenen eine emotionale Beziehung besteht, macht ihn das Kind für sich zur Autorität, er mag es wollen oder nicht. Und so wunderten sich die Eltern aus den antiautoritären Kinderläden der sechziger und siebziger Jahre, daß sie für ihre Kinder Autoritäten waren und später mit diesen durchaus die gleichen Absetzungs- und Autoritätskonflikte bekamen wie andere Eltern auch.

Es ist also durchaus gerechtfertig – analog zum Grundgesetz, daß alle Macht vom Volke ausgeht – die oben stehende These zu formulieren.

Weil aber der Erwachsene für das Kind Vorbild und „Grundmuster" ist, ergeben sich daraus für ihn Verpflichtungen und Ansprüche. Vor allem die, dem Kind die lebens- und überlebenswichtigen Grundbedingungen zu schaffen.

Kinder müssen sich ins Leben hineinfinden, sie brauchen Pflege, Sorge und vor allem Liebe und die Geborgenheit bei Menschen, auf die sie bauen können.

Aus sich allein wären sie ja nicht lebensfähig.

Psychologen sprechen von einem Urvertrauen, das entsteht, wenn Kinder die Erfahrung machen, daß sie von ihren Eltern geliebt und umsorgt werden und daß sie sich auf ihre Autorität verlassen können.

• Kinder brauchen Vertrauen ins Leben und das Zutrauen zu sich selbst, daß sie dieses bestehen werden.

Grundvoraussetzung, dies zu entwickeln, ist die Erfahrung, daß Menschen ihnen Sicherheit, Schutz und Begleitung bieten.

Noch bevor die Eltern dem Kind sagen können, daß sie es lieben, weiß das Kind dies, hat es dies erfahren, durch Zärtlichkeit und Hautkontakt ebenso wie durch die gesamte Fürsorge, durch das Sprechen mit ihm, durch das Singen an seinem Bettchen, die ganze Atmosphäre. Darin liegt ja der Grund, dem kleinen Kind kein unnötiges Warten auf die Befriedigung seiner Bedürfnisse zuzumuten: es könnte befürchten, vergessen worden zu sein, und dies könnte die Entwicklung des Urvertrauens beeinträchtigen. Das wäre schlimm.

Wir wissen aus vielen Untersuchungen, daß Kinder, die nie ein solches stabiles Urvertrauen entwickelt haben, nicht nur ihr ganzes Leben darunter leiden, sondern auch selbst häufig nicht zu stabilen, verläßlichen sozialen Beziehungen fähig sind, weil sich immer wieder Unsicherheit und sogar Mißtrauen melden.

• Kinder müssen lernen, sie selbst zu sein, Selbstvertrauen und Ichstärke zu entwickeln.

Voraussetzung dafür ist die Erfahrung, daß andere, Erwachsene, ihnen etwas zutrauen und ihr Selbstbewußtsein stärken.

Daß er existiert, lebt, jemand ist, das erfährt der Säugling aus der Reaktion anderer Menschen viel unmittelbarer als an seinen eigenen Lebensäußerungen. Diese sind ihm nicht bewußt und deswegen kann er sie sich auch nicht zuordnen. Er fühlt ein Unwohlsein, aber er weiß weder, was das ist noch woher das kommt. Das Kind reagiert mit Schreien und Weinen. Bald merkt es, daß es damit auch jemanden auf sich aufmerksam macht, daß es Hilfe rufen kann. Dies ist zugleich die erste Erfahrung, daß es Macht hat, nämlich die Macht, jemanden an seine Wiege zu zitieren. Im lächelnden Gesicht über seiner Wiege nimmt das Kind sich – gewissermaßen wie im Spiegel – wahr, an der Reaktion des Erwachsenen auf sein Dasein erkennt es: Ich bin!

Damit beginnt der Prozeß der Selbstentdeckung, des Selbstbewußt-Werdens. Dies wiederum ist Voraussetzung für die Entwicklung von Sicherheit und Selbstvertrauen, um selbständig zu werden, um mit anderen zusammenleben zu können, ohne von ihnen abhängig zu werden. Es ist das Bestreben, die eigene Unabhängigkeit mehr und mehr auszuweiten.

Damit es aber Selbstsicherheit und Selbstvertrauen entwickeln kann, muß das Kind einige Erfahrungen machen:
- Daß andere, vor allem die Eltern, ihm etwas zutrauen und es ermutigen: Es muß wissen, die glauben daran, daß ich das zuwege bringe.
- Daß die „Großen" zur Hilfe bereit stehen, wo es sich zuviel vorgenommen und sich selbst und die eigenen Kräfte und Fähigkeiten überschätzt hat: Die Grenzen seiner Möglichkeiten findet das Kind nur heraus, wenn es an sie stößt. Also muß man zulassen, daß es an seine Grenzen geht, sie vielleicht zu überschreiten versucht.
- Daß es sich auf die „Großen" verlassen kann: Daß sie es mit seinen Schwierigkeiten und ungelösten Vorhaben nicht allein lassen.
- Daß auch das Fehlschlagen eines Unternehmens keine Niederlage ist, das Eingeständnis, daß etwas nicht geklappt hat, kein Grund ist, an sich selbst zu zweifeln. Und daß die Eltern ihm trotzdem weiterhin alles Gute zutrauen. Nur wer Fehler macht, lernt auch, sie zu vermeiden.

Der Wunsch nach Selbständigkeit wächst beim Kind schon früh, er findet seinen Ausdruck in der Vorliebe für das Wort „alleine", der man bei nicht geängstigten, gesunden Kindern immer wieder begegnet: „Ich bin schon groß, ich kann das schon!"

• Kinder brauchen Mitmenschen und müssen lernen, fair mit ihnen zu leben.

Das bedeutet, die eigenen Bedürfnisse anzumelden, aber auch die der anderen zu respektieren, die Eigenständigkeit zu wahren und die Fähigkeit zur Gemeinsamkeit und zum Kompromiß zu entwickeln.

Das erste Übungsfeld zum Erlernen von Gemeinsamkeit und Kompromiß ist in der Regel die Familie, und die ersten Partner des Kindes dabei sind die Eltern. Im Hinblick auf die eigenen Bedürfnisse ist das kleine Kind kompromißunfähig: Ein Kind, das Hunger hat, braucht seine Nahrung. Und so bestimmt im Anfang die Magenuhr des Säuglings den Ablauf des Lebens. Junge Eltern gehen häufig so sehr in ihrem Kind auf, daß für sie selbst und ihre Partnerschaft nur wenig übrigbleibt. Das hält jedoch auf die Dauer niemand aus, irgendwann

Ein frühes Übungsfeld zum Erlernen sozialer Fähigkeiten sind Kindergruppen und Kindergärten, in denen verständnisvolle Erwachsene das Kind begleiten und zur Selbständigkeit ermuntern.

müssen auch die Erwachsenen ihre Ansprüche geltend machen und ihre eigenen Bedürfnisse auch dem Kind gegenüber reklamieren. Im anderen Fall lernt es, sich selbst für den absoluten Mittelpunkt der Welt zu halten, um den die anderen, zum Dienst verpflichtet – wie die Planeten um die Sonne – kreisen.

Sich einzulassen und zurückzunehmen, sich anzupassen, aber notfalls die Anpassung zu verweigern, um den eigenen Selbststand zu wahren, den möglichen Kompromiß zwischen eigenen Bedürfnissen und Erwartungen und denen der anderen in der Gruppe zu finden, dabei zu streiten und sich wieder zu vertragen, das alles muß geübt werden, indem man zusammenlebt. So ist der Kindergarten keine „Entlastungseinrichtung" für die Familie, sondern ein Übungsfeld für das Erlernen fairen Umgangs.

Kontakt zu Gleichaltrigen

Doch schon bevor das Kind in den Kindergarten geht, braucht es Kontakt zu Gleichaltrigen, darin liegt die große Bedeutung von Spielgruppen, Mutter- und Kindgruppen und ähnlichen Zusammenschlüssen. Später werden neben den Schul- vor allem auch die Straßenfreundschaften der Kinder wichtig.

Ihre Bedeutung liegt vor allem darin, daß die Beziehungen zu den anderen Kindern nicht wie im Kindergarten oder in der Klasse vorgegeben sind, sondern selbst gewählt werden. Leider ist die Entwicklung dieser Straßenfreundschaften in der gegenwärtigen Gesellschaft aus mancherlei Gründen jedoch erheblich beeinträchtigt: Nicht nur, daß man wegen des Straßenverkehrs Kinder kaum mehr „zum Spielen nach draußen" schicken kann, vor allem ist nicht sicher, ob das Kind jemanden „zum Spielen" findet, weil die Zahl der Kinder geringer ist und die vorhandenen zum Zweck ihrer Förderung „so viele Termine" haben.

Das Leben in einer Gruppe verlangt von jedem ein bestimmtes Maß an Anpassung, und dies erfahren Kinder am ehesten in einer Gruppe Gleichaltriger.

Kurzfristig können Kinder durch Haben und Besitzen Glücksgefühle entwickeln. Auf Dauer aber heißt für sie das größte Glück: Respekt und Anerkennung.

Konflikte entstehen häufig dadurch, daß in mehreren Familien unterschiedlich erzogene Kinder von dort verschiedene Regeln und Normen mitbringen und deren Gültigkeit für alle erwarten.

• Auch Neinsagen und Verzicht müssen gelernt werden. Dies verlangt nach Selbstbewußtsein und Ich–Stärke.

Jede Gruppe, ob Familie, Kindergarten, Schulklasse, Jugendclique, entwickelt ihre eigenen Regeln und Normen, und deren Beachtung ist die Grundlage für die Zugehörigkeit. Das Bedürfnis „zugehörig" zu sein, ist für das Kind sehr wichtig und unbewußt eines der stärksten Motive für die Anpassung an seine Umgebung. Konflikte entstehen dadurch, daß einer von sich aus die in der Gruppe geltenden Regeln zu seinem Vorteil zu verändern versucht und die meisten das hinnehmen. Dann kann es notwendig sein, sich dagegen aufzulehnen und „nein" zu sagen. Dazu gehört erstens Selbstbewußtsein und zweitens Mut. Bei Erwachsenen nennt man das Zivilcourage.

Kinder haben das Recht, nein zu sagen, und sie haben ein Anrecht darauf, daß wir dies nicht nur akzeptieren, sondern daß sie sich auch in der Situation des Neinsagens und der Verweigerung auf uns verlassen können – selbst dann, wenn wir selbst das „Nein!" zu hören bekommen.

Ebenso aber müssen Kinder lernen, auch das Nein hinzunehmen und zu ertragen.

Nicht jeder Wunsch kann erfüllt werden

Längst nicht immer ist es sinnvoll, alle Wünsche des Kindes zu erfüllen. Sich mit der Versagung abzufinden und auf die Realisierung des Wunsches zu verzichten, fällt leichter, wenn das „Nein" nicht nur ausgesprochen, sondern dem Kind einsehbar begründet wird. Auch wenn das Kind in seiner ersten Enttäuschung die Begründung nicht akzeptiert, wichtig ist, daß es weiß, daß unsere Entscheidung nicht willkürlich ist, sondern einen vernünftigen Grund hat.

• Kinder müssen Genießen und richtiges Konsumieren lernen.

Den sinnvollen Gebrauch dessen, was uns gegeben ist – aber auch die Bereitschaft, das Vorhandene mit anderen zu teilen, muß ein Kind erlernen dürfen.

„In einer Wohlstandsgesellschaft wie der unseren ist es nicht mehr erforderlich, den Kindern den Verzicht zuzumuten. Sie müssen lernen, unter dem, was im Überfluß vorhanden ist, die richtige Auswahl zu treffen", begründete ein Vater seine Absage an die Forderung, daß Askese auch heute in der Erziehung notwendig sei. Aber abgesehen davon, ob in unserer Gesellschaft alle wirklich alles im Überfluß haben, bleibt ja auch die Frage, ob denn der Überfluß der einen, der mit der Not anderer erkauft wird, gerecht, moralisch vertretbar und sinnvoll ist. Und es bleibt die Tatsache, daß niemand seinen Kindern versprechen kann, daß sie stets im Wohlstand leben, aus dem Vollen wirtschaften und nach Herzenslust genießen können, wonach ihnen der Sinn steht. Wir erleben ja bei vielen jungen Paaren, wie sie in schwere Krisen geraten, wenn plötzlich nur noch das halbe Einkommen zur Verfügung steht, weil einer des

Wie sollen Kinder morgen damit fertig werden, ihren Lebensstandard einzuschränken und bisher Gewohntes und selbstverständlich Konsumiertes entbehren zu müssen?

Kinder müssen lernen zu genießen. Nun ist Genuß aber keine alltägliche Sache. Man muß sich täglich ernähren. Aber täglich nach Herzenslust schlemmen?
Wo Kuchen zur Gewohnheit wird, verliert er das Besondere, das eigentlich den Genuß ausmacht. Da wird der Geschmack stumpf. Den aber braucht man zum Genießen.

Kindes wegen zeitweilig aus dem Beruf ausscheidet. An großzügiges Geldausgeben gewohnt, müssen sie sich nun einschränken.

Grundbedürfnisse stillen

Im Zusammenhang mit dem Genießen stellt sich auch die Frage nach der richtigen Ernährung und überhaupt nach der Befriedigung der Grundbedürfnisse.
Um sich zu entfalten und stabil aufzuwachsen, brauchen Kinder richtige, gesunde, alles für den Aufbau Notwendige enthaltende Mahlzeiten und Getränke, aber auch ausreichenden ruhigen Schlaf und viel Bewegung. Dabei gilt: Müde gespielte Kinder schlafen besser.

Nicht alles ist jedoch jederzeit erreichbar. Daher wird es auch im Leben des Kindes notwendig sein, im Hinblick auf Genuß und Konsum Prioritäten zu setzen:
- Was ist notwendig und unverzichtbar?
- Was ist nützlich und sinnvoll?
- Was ist wünschenswert, machbar oder erreichbar, aber notfalls auch entbehrlich?

Auch im Hinblick auf das Wünschenswerte und Erreichbare gilt, daß Vorfreude oft die größte Freude ist, daß die Erwartung das Erlebnis steigert.
Das Kind sollte jedoch auch erfahren, daß seine Wünsche und Bedürfnisse mit denen der anderen in der Familie in Konkurrenz stehen, daß auch in Hinsicht auf Erwerb und Konsum Kompromisse notwendig sind; daß man oft das, was vorhanden ist, teilen muß, damit alle daran „teilhaben" (ihren Teil haben) können.

• Trauen Sie Ihrem Kind etwas zu, ermutigen Sie es und sparen Sie nicht mit Anerkennung!
Maßstab für Ihr Lob sollten vor allem die Intensität des Bemühens, der Fleiß und die Ausdauer sein und nicht

Wer hat mehr Lob verdient, ein Kind, das sich mächtig anstrengen muß, oder ein Schüler, dem alles zufliegt und der gar nicht weiß, welche Mühsal Lernen bedeutet?

das Ergebnis. Nicht immer ist das bessere Ergebnis auch die lobenswertere Leistung.

Das Dilemma des Lehrers bei der gerechten Beurteilung der Leistungen von Schülern beschreibt ein Pädagoge so: „Wenn ein schwacher Schüler sich von einer Fünf auf eine Vier oder von einer Vier auf eine Drei steigert, so ist seine Leistung wesentlich größer als die eines gut begabten Schülers, der von einer Zwei auf eine Eins kommt. Würde ich aber mein Lob entsprechend der Leistung verteilen, verstünden die guten Schüler die Welt nicht mehr und machten mir den Vorwurf der Ungerechtigkeit."

Die Begabungen und Neigungen von Kindern sind verschieden, und deswegen kann man sehr ungerecht sein, wenn man das eine Kind am anderen mißt. Es gibt aber wohl kaum ein Kind, das nicht auch seine eigenen Vorzüge anderen gegenüber hätte und dafür anerkannt werden sollte.

Im Leben jedes Menschen gibt es die Verantwortung, und auch sie will gelernt sein. Es tut dem Kind gut,

Gerade Kinder, die im Schatten stehen, weil andere klüger, begabter, geschickter sind, brauchen Anerkennung. Und wenn diese ausbleibt, erlahmt auf Dauer der Eifer: Wozu mich noch anstrengen, ich bringe ja nichts Gescheites zustande!

Lob ist auf jeden Fall ein stärkeres Motiv und regt die Leistungsfreude mehr an als die Angst vor dem Tadel.

D er Aufwand an Ideen bei der Gestaltung von Spielplätzen und Anlagen steht im umgekehrten Verhältnis zum Einfallsreichtum bei der Planung von Autogaragen.

bestärkt sein Selbstvertrauen, wenn man ihm etwas zumutet, es verantwortlich macht – zum Beispiel schon dadurch, daß man es etwa an der Pflege eines Geschwisterchens beteiligt und ihm Aufträge gibt, die es selbständig erfüllen kann. Das gibt ihm das Gefühl, für andere wichtig zu sein, gebraucht zu werden.

• Kinder brauchen eine gesunde, erlebnisreiche Umwelt, die wichtige Erfahrungen zuläßt

Sie darf nicht nur gefordert werden, es ist wichtig, sich selbst darum zu kümmern.

Leider ist die Umwelt, in der unsere Kinder heranwachsen, nicht sehr kinderfreundlich. Das Paradies ist höchst selten. Kleinere Kinder, vor allem in den Städten, haben kaum noch die Möglichkeit, sich außerhalb von Ferien und Ausflügen frei in der Natur zu bewegen, sie zu entdecken oder zu beobachten, Abenteuer zu suchen und zu spielen und sich auszutoben. Die Planung von Familiensiedlungen sieht oft so aus, daß der Architekt seine Freude daran hat. Nur hat er oft keine Ahnung von dem, was Familien mit Kindern brauchen, nämlich von der notwendigen psychosozialen Infrastruktur.

Raum für Kinder

Auch der Zuschnitt vieler Wohnungen, in denen Familien mit Kindern leben, ist eher repräsentabel als den Bedürfnissen der Kinder entsprechend; jedenfalls sind die Räume, die „etwas hermachen" häufig wesentlich größer als der Raum, der den Mitgliedern der Familie für das normale Leben zur Verfügung steht: Zentraler „Saal" im Erdgeschoß und Kinderstübchen unterm Dach.

Nun genügt es allerdings nicht, Mißverhältnisse zu beklagen oder, was den öffentlichen Bereich angeht, Änderungen einzufordern. Es gehört zu den Elternpflichten, sich um die Verbesserung der Lebensbedingungen selbst zu kümmern.

• Kinder brauchen Freiräume, in denen sie ihr eigenes Leben leben können.
Dazu gehören Räume oder Ecken, die sie gestalten und sich nach ihren eigenen Bedürfnissen einrichten können. Damit ist nicht nur das Kinderzimmer gemeint. Niemand kann andauernd mit anderen zusammen sein. Jeder hat das Bedürfnis, mal mit sich allein sein zu können.

Wer Kinder zum Zusammenleben mit anderen befähigen will, muß ihnen das Eigenleben gestatten und ermöglichen. Wer mit sich selbst nicht auskommen kann, sagt eine Regel, der kann es auch nicht mit anderen. Und Kinder haben auch durchaus das Recht auf ihre eigenen – zunächst wohl noch kleinen – Geheimnisse und darauf, daß man ihren Intimbereich respektiert. Aber auch hier wird immer wieder ein Kompromiß gefunden werden müssen, nämlich zwischen dem Bedürfnis des einzelnen nach Eigenleben und dem Bedürfnis der Familie nach gemeinsamem Erleben.

Kinder leben heutzutage sehr eingeschränkt, zumal in der Stadt. Ihre Sehnsucht nach Abenteuer und Freiräumen wird nur noch dann befriedigt, wenn Erwachsene ihnen das ermöglichen.

Es ist unsinnig, dem Kind Entscheidungen zu ersparen, sie ihm abzunehmen, über seinen Kopf hinweg zu entscheiden und dann zu erwarten, daß es spätestens vom 18. Geburtstag an die Dinge selbst regelt.

• **Schließlich kommt jedes Kind im Laufe seines Lebens in Situationen, in denen Entscheidungen von ihm verlangt werden.**

Das sind Entscheidungen, die nicht nur gefällt, sondern auch verantwortet werden müssen und immer auch Folgen haben. Auch Entscheidungsbereitschaft und Entscheidungsfähigkeit müssen trainiert werden.

Dem Kind tut es gut, und es stärkt sein Selbstbewußtsein und -vertrauen, wenn es bei allem, was es selbst angeht, mitentscheiden kann, daß ihm die Entscheidungen mehr und mehr selbst überlassen werden, soweit die Verantwortlichkeit der Eltern dies zuläßt.

Denn nur, wenn es entscheiden kann, macht es auch die wichtigen Erfahrungen:

• Daß eine Entscheidung für etwas meistens zugleich auch eine Entscheidung gegen etwas ist, daß ich nicht das eine und das andere haben kann.
• Daß Entscheidungen auch Konsequenzen haben – daß, wer sich zum Beispiel für einen Hund entscheidet, sich zugleich zur Verantwortung und Fürsorge für das Tier verpflichtet.
• Daß man zu den Folgen falscher Entscheidungen stehen muß und daß sie getragen werden müssen; und daß man unter Umständen dafür Hilfe und Beistand braucht.

Gerade im Hinblick auf diese letzte Konsequenz ist es wichtig, Kinder schon früh daran zu gewöhnen, sich zu entscheiden.

Wie wir unsere Kinder stark machen können

Um stark zu werden, brauchen Kinder Grund zur Freude. Dazu können wir Eltern beitragen:

- Indem wir sie lieben und es ihnen zeigen
- Indem wir sie loben, wenn sie etwas leisten
- Indem wir uns über das freuen, was sie uns schenken
- Indem wir ihnen Mut machen, wenn sie verzagen
- Indem wir ihnen helfen, auch mit Fehlschlägen fertig zu werden
- Indem wir ihnen Gelegenheiten schaffen zu erfahren, wie gut und wie tüchtig sie sind
- Indem wir ihnen kleine Verantwortlichkeiten zumuten und auf deren Einhaltung achten.

Aber unsere Kinder brauchen nicht nur Grund zur Freude, sondern auch Gelegenheit und Ermutigung, anderen Menschen Freude zu machen, ihnen beizustehen. Dazu müssen wir ihren Blick dafür schärfen:
- Wer vielleicht für eine Freude dankbar wäre
- Wo jemand ist, der Hilfe brauchen könnte
- Wo jemand einsam ist
- Wo jemand zurückgestoßen wird und darauf wartet, daß man sich ihm zuwendet
- Wo jemandem Unrecht geschieht, wo er Beistand und Unterstützung braucht
- Wo man jemanden ermutigen kann.

Eine größere Gemeinschaft bietet Kindern die Möglichkeit, zwischen Anpassung und Abgrenzung, aber auch zwischen Durchsetzung und Kompromiß die Mitte zu finden.

Ein Schnuller für alle Fälle

Eltern sein ist nicht leicht: Man tut das Bestmögliche fürs Kind und stellt später fest, das etwas anderes viel besser gewesen wäre.

Nicht alles, was jungen Eltern in den letzten zwanzig bis dreißig Jahren an Erziehungsratschlägen erteilt wurde, hat sich auch als richtig erwiesen. Wenn man beim Autofahren einen Fehler macht, kann man die Folgen als Beulen im Blech unmittelbar darauf besichtigen. Nicht so in der Erziehung. Richtig oder falsch stellt sich erst später, im Laufe des Kinderlebens heraus. Eltern handeln eigentlich immer auf Verdacht und in der Annahme, daß das, was sie tun, zum Besten des Kindes ist. Und manchmal möchten sie ihren Kindern gegenüber Fehler vermeiden, unter denen sie bei ihren Eltern selbst gelitten haben. Hinterher kann sich dann herausstellen, daß das, was sie taten, um den Fehler ihrer Eltern nicht zu wiederholen, auch nicht unbedingt besser war.

Bedürfnisse aufschieben lernen

Da ist zum Beispiel die Sache mit den Frustrationserlebnissen. In vielen Familien war es üblich, Kinder schon früh an den Zeitplan der Familie zu gewöhnen. Es wurde von ihnen erwartet auszuhalten, daß nicht jeder Wunsch sofort erfüllt, jedes Bedürfnis sogleich gestillt wurde. Kinder lernten, daß es nicht jederzeit etwas zu essen gab, wenn der Hunger sich meldete, daß man auch einmal auf das Trinken warten mußte. Inzwischen setzte sich die Meinung durch, daß es besser sei, sich bei Säuglingen statt nach der Uhr im Wohnzimmer nach deren Magenuhr zu richten und die Befriedigung ihrer Bedürfnisse nicht unnötig aufzuschieben.

Die Teeflasche immer griffbereit

Aus dem Wunsch, dem Kind vermeidbare Frustrationen zu ersparen, ist leider zuweilen die Idee geworden, den Kindern ein frustrationsfreies Leben zu ermöglichen. Kennzeichnend dafür ist die stets griffbereite Flasche mit dem Schnuller. Hat das Kind Durst, trinkt es; ist es unlustig, quengelt es, steckt man ihm den Sauger in den Mund; ist es traurig, der Tee oder der Saft tröstet. Der Griff zur Babyflasche ist die spontane Reaktion auf alle Unlustgefühle des Kleinkindes.

Und mehr und mehr setzt sich die Erkenntnis durch, daß es im Leben jedes Kindes Enttäuschungen, Entbehrungen Einschränkungen und das Wartenmüssen gibt, daß ein Leben ohne Frustrationen und Versagungen nicht möglich ist. Es ist wichtig, den passenden Zeitpunkt zu finden, das Kind daran zu gewöhnen. Was für den Säugling richtig ist, kann für das Dreijährige falsch sein.

Mittlerweile warnen Zahnärzte und Kieferorthopäden, daß das ständige Saugen längerfristig zu Kieferdeformationen führen kann.

Kindheit ohne Versagung gibt es nicht

Erfahrungen mit Jugendlichen, denen die Eltern in bester Absicht eine frustrationsfreie Kindheit ermöglichen wollten, zeigen, daß ihre Fähigkeit, Unerfreuliches auszuhalten und Unlust zu ertragen, häufig unterentwickelt ist. Und manche von ihnen brauchen immer noch den Griff nach dem stets verfügbaren Trost. Sie haben die Babyflasche durch Süßigkeiten, die Coladose, den Walkman oder andere Surrogate ersetzt, einschließlich Nikotin und Alkohol. Ein Zusammenhang zwischen der permanent gefüllten Babyflasche und späterem Suchtverhalten liegt in vielen Fällen zum Greifen nahe. Hier zeigt sich die Richtigkeit des Satzes, daß die Verwöhnung von Kindern sich auf Dauer als Härte erweist.

Damit ist nicht einer strengen Askese und der planmäßigen Versagung, dem Verzicht aus pädagogischem Prinzip, das Wort geredet. Sie wären das andere Extrem.

Rücksicht und Kompromisse

Es geht um die selbstverständliche Erfahrung, daß die Erfüllung von Wünschen und die Befriedigung von Bedürfnissen nicht jederzeit möglich ist und daß im Zusammenleben von Menschen auch Kompromisse und gegenseitige Rücksichtnahme erforderlich sind.

Wo dies nicht gelernt wird, besteht die Gefahr, daß Kinder zu Egozentrikern werden und glauben, alle anderen seien dazu da, ihre Ansprüche zu erfüllen. Wer Kindern kleine Enttäuschungen erspart und sie nicht ermutigt, diese auszuhalten, macht sie unfähig, das zu ertragen und zu bewältigen, was an Belastungen nicht zu vermeiden ist.

Hier zeigt sich, daß das Thema Sucht auch im Hinblick auf kleine Kinder schon durchaus aktuell sein kann, weil die Weichen für die Reise in die Abhängigkeit unter Umständen recht früh gestellt werden.

Ein Einwand dagegen lautet, man kann die Warnungen auch übertreiben. Schließlich haben die lieben Kleinen ja so gut wie überhaupt keine Gelegenheit, an Drogen oder andere Suchtmittel heranzukommen. Also liegt das Problem noch in weiter Ferne. Irgendwann selbstverständlich muß man mit dem Kind darüber sprechen, es aufklären. Schließlich muß es wissen, was zum Beispiel Haschisch ist, was Marihuana bedeutet, und warum die Polizei so sehr darauf aus ist, den Heroindealern das Handwerk zu legen. Spätestens, wenn es diese Begriffe

Wer keine rechte Anerkennung im Elternhaus oder in der Schule findet, sucht Anerkennung in der Gruppe und macht mit, was in der Gruppe gerade „in" ist.

in der Zeitung liest, muß das Kind sich auskennen. Und das ist auch der Zeitpunkt für die Warnung vor den Folgen: Welche Wirkungen die einzelnen Mittel haben und wie gefährlich es für einen jungen Menschen ist, sich darauf einzulassen.

Aufklärung ist notwendig, und Aktionen wie die Initiative „Keine Macht den Drogen" können das öffentliche Bewußtsein schärfen und gegen die Tendenzen wirken, den Konsum von Rauschmitteln als Privatsache und die zu erwartenden Folgen als persönliches Risiko zu tolerieren.

Aufklärung allein genügt nicht

Und auch dort, wo sie erfolgt, bevor das Kind mit den „einschlägigen Stoffen" in Berührung kommt oder in entsprechende Cliquen gerät, in denen man den „Rauch mal ausprobiert", kann sie schon zu spät sein. Denn die Verfügbarkeit von Drogen, also die Möglichkeit, an diese heranzukommen und genügend Geld zu haben, sie sich zu verschaffen, ist nur eine der Voraussetzungen für die Suchtgefährdung junger Menschen.

Ein wesentliches Element liegt in der persönlichen Disposition, und dazu gehört auch, wie der Jugendliche lernt, mit dem Leben und mit seinen Problemen umzugehen. So sehr die sogenannten harten Drogen wegen ihrer schlimmen, häufig tödlichen Wirkung in der öffentlichen Diskussion mit Recht im Vordergrund stehen, so gefährlich wäre es, andere Suchtpotentiale zu übersehen oder sie zu vernachlässigen.

Leider sind immer mehr Kinder zu beobachten, die schon früh ein deutliches Suchtverhalten zeigen – auch ohne Drogen.

Auch in der eigenen Familie ist manches Kind geradezu von Gefährdungen umgeben, deren Bedeutung für die Entwicklung sogenannter Suchtanfälligkeit meistens noch nicht erkannt wird.

Die Lebensgeschichten von jugendlichen Suchtkranken zeigen deutlich und übereinstimmend, daß bestimmte Grundeinstellungen und Verhaltensweisen, die schon in der frühen Kindheit erworben wurden, eine verhängnisvolle Rolle spielen können.

Vergleichbares gibt es durchaus auch schon in manchem Kinderzimmer, aber da fällt es meistens nicht auf oder wird übersehen – hin und wieder vielleicht auch deshalb, weil man es nicht sehen oder nicht wahrhaben möchte.

Nicht immer sind es Drogen

Im Hinblick auf die Erwachsenen sprechen wir längst von Süchten, die nicht im Zusammenhang mit Drogen oder anderen Suchtstoffen stehen, sofern diese Menschen von einem inneren Zwang beherrscht werden, der sie veranlaßt, sich immer wieder in einer bestimmten Weise zu verhalten – auch wenn sie sich noch so oft vorgenommen haben, das aber ganz gewiß nie wieder zu tun. Das bekannteste Beispiel dafür ist der Spielsüchtige, ob er nun sein mühsam verdientes Geld oder sogar seine „Stütze" vom Arbeitsamt an irgendwelche Automaten verfüttert oder im Casino die letzte Mark verspielt. Darüber häufen sich unter Umständen nicht nur Schulden an, darüber zerbrechen Ehen, stürzen Familien in den Ruin, und manchmal geht es bis zur Selbstzerstörung.

Spielsucht muß man nicht unbedingt am Spielautomaten ausleben. So manches Kind zeigt recht auffällige Verhaltensweisen, wenn es um sogenanntes elektronisches Spielzeug geht, das Erwachsene ihnen unbedenklich schenken.

Der Walkman-Schnuller

„Wenn ich das gewußt hätte, hätte ich ihm das Ding nie gekauft!" sagt eine Mutter, die sich darüber empört, daß ihr dreizehnjähriger Sohn für die Familie kaum noch ansprechbar ist, weil er sich ständig mit Musik „bis obenhin zudröhnt".

Ein Lehrer empfindet mittlerweile den Walkman, das kleine handliche Abspielgerät für Musikkassetten und neuerdings für CDs, als „Haschischpfeife oder Schnuller der Musiksüchtigen. Statt sich zu bewegen und mit anderen zu spielen, stehen sie einzeln für sich im Pausenhof mit dem Knopf im Ohr und müssen von den anderen angestupst werden, wenn die Pause zu Ende ist, weil sie das Klingeln nicht hören. Die Welt um sie herum existiert nicht."

Einsamkeit als Preis

Eine der Folgen jeder Sucht ist, daß sie in die Einsamkeit führt. Wo andere in geselliger Runde miteinander beim Glas Wein fröhlich sind, gerät der Alkoholiker unausweichlich in die Isolierung. Denn wer sich regelmässig „zuschüttet", wird gemieden, auch wenn er vorher ein akzeptiertes Mitglied des fröhlichen Kreises war. Ebenso ist der Fixer, auch wenn er in einer Clique lebt, mit seinem Rausch und dessen Folgen allein. Andererseits führt Einsamkeit häufig dazu, die fehlenden sozialen Kontakte durch Selbsttröstung unterschiedlichster Art zu kompensieren oder aus enttäuschenden, unbefriedigenden Beziehungen in einen Rausch zu flüchten, was keineswegs bedeuten muß, daß man sich betrinkt oder Haschisch raucht. „Da kommt dann der Kaufrausch über mich. Da muß ich mir was Gutes tun, auch wenn ich weiß, daß es mir nicht bekommt."

Wer sich süchtig verhält, stößt andere ab. So kommt zum süchtigen Verhalten nicht selten die Isolation hinzu. Die Isolation verstärkt jedoch das Suchtverhalten.

Ein anderes Kennzeichern der Sucht ist, daß man, um die gleiche Wirkung zu erzielen, in den meisten Fällen die Dosis immer mehr erhöhen muß. Darin liegt ja gerade die Gefahr, daß man unbemerkt möglicherweise die tolerierbare Menge überschreitet.

Wahrscheinlich liegt eine besondere Gefahr mancher elektronischer Geräte, mit denen wir uns heute umgeben haben und auf die wir nicht verzichten möchten (können?) darin, daß sie eine Tendenz haben, die Vereinsamung des Menschen in seinem sozialen Umfeld zu fördern und seine Beziehungsfähigkeit zu beeinträchtigen. Darüber hinaus verleiten sie nur zu oft zum Rückzug aus der Wirklichkeit und dazu, alles Schwierige, Problematische, Unbefriedigende, Enttäuschende aus dem eigenen Leben auszublenden und sich in eine Scheinwelt zu flüchten.

Bei Kindern und Jugendlichen, die als musiksüchtig gelten, drückt sich die Erhöhung der „Dosis" darin aus, daß sie immer hektischere und härtere Musik brauchen und zudem den Lautstärkeregler immer weiter aufdrehen.

Ohrenärzte weisen inzwischen darauf hin, daß daraus irreversible Schäden am Gehör entstehen können, Jugendpsychiater verweisen auf mögliche negative Folgen des „Zudröhnens" für das Nervenkostüm.

Kinder und Jugendliche, die sich mit dem „Knopf im Ohr" oder dem „Bügel über dem Kopf" musikberauscht als Fußgänger oder Radfahrer im Straßenverkehr bewegen, gefährden dadurch ihre Gesundheit und ihre heilen Knochen. Wegen der Benommenheit durch die laute Musik, wegen des „Ausfalls des Gehörs für die Umgebung" nehmen sie gewisse Gefahren nicht wahr, überhören möglicherweise das rasch herankommende Auto oder akustische Warnsignale.

Soziale Isolation

Neben den gesundheitlichen Risiken müssen aber auch die sozialen Auswirkungen bedacht werden. So ärgert sich die erwähnte Mutter darüber, daß ihr Sohn, wenn er „sich zudröhnt", absolut nicht ansprechbar ist, daß sie ihn jedesmal, wenn sie ihm etwas mitteilen möchte, anfassen, manchmal direkt anstoßen muß, um auf sich aufmerksam zu machen – und daß er auf jede Störung „ungnädig" reagiert. Statt sich bei Tisch an den Gesprächen zu beteiligen, drängt er darauf, die Mahlzeit schnell zu beenden. Die Bitten, im Hause mit zuzufassen, sei es, daß er bestimmte Aufgaben für die Familie erledigen soll, sei es, daß er für sich selbst etwas zu besorgen hat und darauf aufmerksam gemacht wird, überhört er grundsätzlich zunächst einmal. Oder er verweigert sich. Der Kontakt zu den Freunden, mit denen er früher alles mögliche unternahm, ist weitgehend eingeschlafen, weil er sich für sie kaum noch interessiert und auch für das Gespräch nur noch die „irre Musik" als Thema hat.

Der Frage nach seinen Zukunftsplänen und was heute geschehen muß, damit sie morgen wahr werden, weicht er aus. Für ihn dreht sich alles um die Musik.

Gewiß ist dies ein ziemlich extremer Fall von Musikabhängigkeit, und längst nicht jeder, der mit dem Walkman unterwegs ist, wird sich so entwickeln. Aber das Verhaltensmuster, das sich in diesem Fall zeigt, kann als typisch gelten.

Musik verbindet nicht nur Jugendliche. Aber wenn Musik zum Kult wird, zur Ideologie und zum einzigen Lebensinhalt, sollten Eltern hellhörig werden.

Der Fernseh-Schnuller

Lesen ist anstrengend, Lesen ist eine Leistung. Und weil es anstrengend und eine Leistung ist, kommt unvermeidbar auch der Punkt, wo es nicht mehr geht: „Tschüs, Winnetou – morgen lese ich weiter!"

„Wir haben zwar nicht ständig vor der Glotze gehockt wie unsere Kinder. Aber dafür war ich als Junge beinahe häufiger mit Winnetou und Old Shatterhand im Wilden Westen, um Grizzlybären zu erlegen, Büffel zu schießen oder Schurken zu jagen, als zu Hause. Wir waren Leseratten. Was für uns die Bücher waren, sind für unsere Kinder halt die Filme und Videos."

Das war die Meinung eines Vaters in einer Veranstaltung zum Thema „Fernsehen in der Familie". Sind die fernsehenden Kinder die „Leseratten" von heute? Davon abgesehen, daß es auch heute – zum Glück – noch richtige Leseratten gibt, so bestehen zwischen Lesen und Fernsehen doch erhebliche Unterschiede.

Man kann nicht unbegrenzt lesen – anders beim Fernsehen: Da sitzt man und schaut zu, und besten- oder schlimmstenfalls zappelt man herum oder stellt sich an die Tür, um rasch hinauszuschauen, wenn es zu spannend wird, und wiederzukommen, wenn das Schreckliche vorbei ist.

Bild-Fertignahrung

Eine Wirkung des Fernsehens auf Kinder ist bisher wenig beachtet worden: die Häufung der Schrecksekunden. Unser Körper warnt uns vor Gefahren, er alarmiert uns, damit wir uns in Sicherheit bringen. Das ist die lebenserhaltende Funktion der Angst.

Und wo das lesende Kind das, was da im Buch steht, sich in seinem Inneren vorstellen und ausmalen muß und dabei seine Fantasie und Bildkraft trainiert, hat das fernsehende Kind das nicht nötig. Ihm werden die Bilder ja fertig vorgesetzt. Aber mit der Anstrengung des Sich-Vorstellens und Ausmalens entgeht dem kindlichen Zuschauer vor dem Gerät auch das damit verbundene Fantasie- und Bildkrafttraining. Leseratten sind aktiv, Fernsehen verführt zur Passivität.

Zeichenlehrer und Sozialpädagogen, die Kinder auffordern, Bilder aus ihrer Lieblingsgeschichte zu malen, können an den Ergebnissen ganz deutlich feststellen, wer die Geschichte aus dem Buch und wer sie im Fernsehen kennenlernte. Übereinstimmendes Urteil: Die Darstellungen der lesenden Kinder sind kindgemäßer und fantasievoller, bei den Fernsehkindern erkennt man an den Figuren ziemlich genau die von Erwachsenen vorgefertigten Typen.

Im Ergebnis ist es gleich, ob wir in der freien Natur über ein plötzliches, unerwartetes Geräusch erschrecken oder zu Hause bei einem spannenden Film. Beide Male löst der Körper die gleiche Schutzreaktion aus. Dazu gehört ein anregender Adrenalinstoß, der nötig ist, damit der Mensch sich in Sicherheit bringen kann.

Fehlalarm im Körper

Für das allein fernsehende Kind hat dies zur Folge, daß alles Angstmachende, dem es begegnet oder das es auf dem Bildschirm miterlebt, in seinem Körper sozusagen beinahe ständig „Fehlalarm" auslöst.

Was das Kind auf Dauer ertragen kann und wie sich diese ständige Überreizung des kindlichen Alarmsystems längerfristig auswirkt, kann man sich zwar ausmalen, wurde leider aber bisher noch nicht hinreichend genau erforscht. Ein Zusammenhang zwischen dieser Reiz- und Adrenalinüberflutung und der von Erziehern und Lehrern oft beklagten hochgradigen Nervosität bei Kindern darf jedoch ohne weiteres angenommen werden.

Und damit wären wir wieder beim Griff nach dem Beruhigungsmittel und bei der Suchtgefahr.

Damit hängt aber auch ein weiterer Aspekt zusammen: Kinder vor dem Fernseher sind bequem, sie quengeln nicht, haben außer der gelegentlichen Frage nach der Flasche und nach Knusperzeug keine großen Ansprüche an die Erwachsenen und lassen sich mit Fred Feuerstein und den Dinos oder anderen Sendungen schnell ruhigstellen. Vor allem gestreßte Eltern – aber auch solche,

Vor allem, wenn das Wetter zu schlecht ist, um draußen zu spielen, und die Kinder sich leicht langweilen und deswegen unleidlich werden, wächst die Neigung, den Fernseher als „Babysitter" anzustellen.

*Wenn Kinder stören oder quen-
geln, kann man sie leicht durch
das Anschalten des Fernsehers
ruhigstellen. Gebannt sitzt das
Kind vor den vorbeirauschenden
Bildern und Tönen. Welcher Erwachsene fragt sich, was im
Kind vorgeht?*

Ein Knopfdruck auf der
Fernbedienung, der Bildschirm
färbt sich, das Bild beginnt sich zu
bewegen, und schon ist die
Langeweile dahin.
Und wenn die Droge TV später ein-
mal nicht mehr reicht, ist die
Versuchung groß, es mit anderen
Mitteln gegen Frust und Unlust zu
versuchen.

die sich aus mancherlei Gründen vor ihren Kindern einmal Ruhe verschaffen möchten –, erliegen leicht der
Versuchung, die Kinder – wie sie meinen – gefahrlos
„vor der Glotze zu parken". Da muß man nicht so
genau aufpassen, da sind sie im Haus, und da kann
„eigentlich ja gar nichts passieren".

Gefährliche Langeweile

Langeweile ist eine große Gefahr für die Kinder, vor
allem für solche, die antriebsschwach sind und wenig
eigene Kreativität und Fantasie entwickeln. Oder die
allein sind, denen die Freunde fehlen, mit denen sie
etwas unternehmen könnten. Und auch für solche,
deren Einfallsreichtum und Kreativität nicht ausreicht,
um die freie Zeit sinnvoll und anregend zu nutzen, die
sich zu matt, zu schlapp, zu lustlos fühlen.
Kinder, die mit sich und anderen wenig anfangen können, neigen leicht dazu, sich von ihrer Unlust über die
Langeweile abzulenken und sich darüber hinweg zu trösten. Dazu bietet sich der jederzeit zur Verfügung stehende Fernseher geradezu an.

Und wenn mal nicht das Passende im Programm ist, wozu gibt es dann den Videorekorder mit den passenden Kassetten, auf denen Spannung und Unterhaltung gespeichert sind, so daß sie jederzeit beliebig abgerufen werden können. Und weil man den „Genuß", so oft man will, wiederholen kann, wird für das eine oder andere Kind eine bestimmte Szene zur Droge, die man sich immer wieder reinzieht, wenn einem danach ist. In der Lebensgeschichte von jüngeren Suchtkranken jedenfalls kommt Langeweile als ein das „Ausflippen" besonders begünstigendes Element sehr häufig vor. Man begegnet sogar dem Spruch: „Wenn das Leben dich langweilt, riskier es!" als Motiv, sich auf Drogen einzulassen: Mal ausprobieren, wie es mir damit ergeht! Es gibt schon fernsehsüchtige Kinder aus Langeweile.

Stärke per Knopfdruck – die Macht der Videospiele

Die schöne „neue Medienwelt" beschränkt sich ja längst nicht mehr auf Fernsehen und Video. Sie hat auch den Spielzeugmarkt erobert. Die Fülle der angebotenen Videospiele ist kaum mehr zu übersehen. Und wurde das entsprechende Spielgerät erst einmal angeschafft, müssen natürlich auch die dazu notwendigen Programme her, mit denen die jeweiligen Spiele abgerufen werden können.

Bei den sogenannten Geschicklichkeitsspielen, bei denen zwei oder mehrere Spieler gegeneinander antreten, geht es natürlich nicht darum, tatsächlich körperliche Geschicklichkeit und Überlegenheit zu zeigen und bei entsprechendem Training und Kondition wie im Sport den Sieg davonzutragen. Die Geschicklichkeit bezieht sich ausschließlich auf den Umgang mit dem Steuerungsgerät: Bringt man den Verirrten aus dem Labyrinth heraus? Verrennt er sich? Oder stürzt er in die Grube mit den spitzen Messern? Viele dieser Spiele beruhen darauf, daß man sich mit Gewalt durchsetzt.

Für Kinder haben Videospiele eine enorme Anziehungskraft und Faszination. Anders als beim Fernsehen, wo man tatenlos zuschauen muß, was geschieht, kann man hier aktiv eingreifen und per Knopfdruck die Dinge verändern.

Daß eine Sache negative Auswirkungen haben kann, darf nicht heißen, daß man die positiven Möglichkeiten, die sie auch – und vor allem – bietet, nicht nutzen sollte.

Die Kennzeichnung, die Sendung sei für Kinder ab einem bestimmten Alter geeignet, besagt nicht, daß sie auch für jedes Kind gut ist.

Man läßt Menschen klettern und abstürzen, den rasenden Rennwagen die Wende passieren, aber ihn auch aus der Kurve fliegen und zerschellen.

Allmachtsfantasien

Das Gefühl, groß und mächtig zu sein, ist geradezu Labsal für ein Kind, das sich im realen Leben klein, schwächlich und unnütz vorkommt. Was Wunder also, wenn man sich dieses Gefühl der Allmacht mit Hilfe der Elektronik nur zu leicht immer wieder verschaffen möchte. Was den Umgang vieler Jugendlicher und Erwachsener mit diesem Spielzeug angeht, so lassen sich typische Züge eines süchtigen Verhaltens beobachten.

Verdammen hilft nicht

Es wäre illusorisch anzunehmen, die modernen elektronischen Geräte und Medien wären wieder aus der Welt zu schaffen oder wir könnten unsere Kinder vor Gefahren dadurch bewahren, daß wir ihnen den Zugang dazu versperrten. Das hat zu Beginn der Fernsehära das Beispiel besorgter Eltern gezeigt, die meinten, man könne die Kinder vor der „Glotzsucht" bewahren nach dem Motto: „So ein Ding kommt uns nicht ins Haus!" Spätestens wenn auffiel, daß die Kinder plötzlich besonders häufig solche Freunde zum Spielen besuchten, bei denen ein Fernseher im Wohnzimmer stand, und wenn die Eltern merkten, daß ihre Kinder vieles sahen und erlebten, wovon sie keine Ahnung hatten und über das sie daher mit den Kleinen auch nicht sprechen konnten, wurde der Schwur gebrochen.
Also kann die Devise nur lauten: Um dem Mißbrauch – und dazu gehört auch das Abgleiten in die Sucht – vorzubeugen, muß der richtige Gebrauch gelernt werden. Dazu sollten allerdings einige Regeln beachtet werden:

- Musik ist Kunst, sie ist zu schade, zur Droge zu werden. Das bedeutet: Der Walkman sollte nicht ständig laufen, der Knopf nicht permanent im Ohr sein. Beim Zusammensein mit anderen, beim Gespräch ist es ungehörig, sich unter den Kopfhörer zu flüchten. Der Kontakt zu anderen Menschen ist wichtiger als der ungestörte lautstarke Musikgenuß.
Andererseits ist in einer Familie mit unterschiedlichen musikalischen Vorlieben, Neigungen und Interessen der Kopfhörer eine durchaus nützliche Erfindung. Sie bewahrt vor der Kakophonie, die entstünde, wenn aus verschiedenen Zimmern mit voller Lautstärke die verschiedensten Musiken dröhnten, und vor dem Streit, der dann unvermeidlich wäre.

- Der Platz vor dem TV-Gerät ist kein Abstellplatz für Kinder. Kleinere Kinder sollten grundsätzlich nicht allein fernsehen.
Es ist falsch, auf die Angst der Kinder dadurch zu reagieren, daß man bei spannenden Stellen den Fernseher abschaltet oder „rumflippert", also in ein anderes Programm ausweicht. Das Kind, das die Spannung erlebt hat, versäumt deren Auflösung, wenn auf dem Höhepunkt abgebrochen wird. Solche nicht aufgelösten Ängste beunruhigen zusätzlich. Was für den Fernseher gilt, gilt selbstverständlich in gleicher Weise im Hinblick auf das Video.

Richtiger ist es, dem Kind die Zuflucht beim Erwachsenen zu ermöglichen, es in den Arm zu nehmen, es zu drücken und zu streicheln, um es zu beruhigen: „Du mußt keine Angst haben, ich bin ja bei dir!" Dazu kann auch der Hinweis beitragen, daß das im Film ja nicht Wirklichkeit, sondern nur gespielt ist.

Frische Luft und spannende Alternativen

Gelegentlich kann man bei Kindern beobachten, daß sie ihnen angebotene Alternativen zum Fernsehen zunächst ablehnen: „Nein, schwimmen zu gehen, habe ich keine Lust. Ich will die und die Sendung sehen!"
Bringt man sie jedoch dazu mitzugehen, und macht es ihnen Freude, vermissen sie das Fernsehen nicht. Im Gegenteil, nun drängen sie darauf, den zunächst ungewollten Gang ins Schwimmbad möglichst bald zu wie-

Auf zwei Defizite im Leben vieler Kinder sei hingewiesen: Sie brauchen viel Bewegung und viel frische Luft und ein erlebnis- und ereignisreiches, möglichst spannendes reales Leben anstelle der Erlebnisse von der Kassette.

derholen. Hier zeigt sich dann, daß es gar nicht so sehr das Fernsehprogramm, sondern die Bequemlichkeit war, die den anfänglichen Widerstand auslöste.

Wer Kinder davor bewahren möchte, sich an bestimmte Verhaltensweisen zu gewöhnen, weil er diese für gefährlich hält, hat wenig Aussicht, wenn er nur mit Einschränkungen, Regelungen oder gar Verboten „argumentiert". Es ist nötig, ihnen sinnvolle und längerfristig auch befriedigende Alternativen anzubieten. Wie diese aussehen können, läßt sich nicht generell sagen. Das hängt mit den Neigungen, Fähigkeiten und Vorlieben des Kindes ebenso zusammen wie mit den Einfällen, Möglichkeiten und dem Zeitbudget der Erwachsenen.

Kinder lieben Abenteuer, bei denen sie ihre Kraft erproben können. Immer nur anderer Leute Abenteuer im Fernsehen anzuschauen, läßt die kindliche Kraft auf Dauer erlahmen.

Wenn Kinder Kummer haben

Kinder sind die Schicksalsgefährten ihrer Eltern. Was immer diesen zustößt, die Kinder sind direkt oder indirekt mitbetroffen. Wenn etwa die junge Frau den Tod ihrer Mutter beklagt, trauert ihr Kind mit um die verstorbene Großmutter, die vielleicht eine ganz wichtige Bezugsperson gewesen ist. Oder wenn gar ein Elternteil erkrankt, schwer verunglückt, stirbt … Was das für die Kinder bedeutet, muß man nicht ausmalen.

Solidarität der miteinander Leidenden

Mutter und Kind, die um die Mutter und Großmutter trauern, können einander trösten, und sie tun dies meistens unwillkürlich. Und die Nachricht von der Krankheit des Vaters oder der Mutter, die Unglücksbotschaft vom schweren Unfall, die Angst, was geschieht, die Sorge um das Leben des Kranken oder Verletzten, sie schweißen die Angehörigen zusammen.

Auch Kinder, die längst noch nicht alles verstehen, was um sie herum vor sich geht, denen man vielleicht das Schlimmste verschweigt, um sie nicht zu beunruhigen, spüren die Angst und die Sorgen der Erwachsenen, das Klima der Beunruhigung. Sie registrieren das besorgte Zusammenzucken, wenn das Telefon klingelt, die Nervosität bei der Frage: „Wie geht es?"

Die dem Alter und dem Verständnis des Kindes angemessen ausgesprochene Wahrheit ist meistens leichter zu ertragen und wird nicht als so bedrohlich empfunden wie die dem Kind nicht erklärte, aber von ihm gespürte Angst der Erwachsenen.

Man kann seinen Kindern seinen Kummer verschweigen, aber man kann ihn vor ihnen nicht geheimhalten.

Freude und Leid – dicht beieinander

Die Sorge, das Kind könnte durch das Miterleben des Kummers, der die Familie getroffen hat, überfordert werden, ist meistens völlig unbegründet. Die Hauptaufgabe des Kindes ist es, die Welt zu entdecken. Dazu gehört die Erfahrung des Schmerzes, aber auch die tröstende Wirkung des Beieinanderseins im Kummer. Und weil das Kind die Welt entdecken muß, kann es sich bei dem, was gerade geschehen ist, nicht zu lange aufhalten. Wenn ein Kind, das am Grabe der Großmutter bitterlich weinte, beim anschließenden Familientreffen fröhlich lacht und lärmt, dann ist das normal und besagt keineswegs, daß das Kind den Kummer nicht ernstgenommen hätte. Aber es vergräbt sich nicht darin. Und wo es etwas zu freuen gibt, da freut es sich ebenso richtig, wie es „richtig weinte". Und für die Erwachsenen kann in der kindlichen Unbefangenheit des Trauerns und Freuens durchaus auch ein Trost oder doch eine vielleicht hilfreiche Ablenkung liegen.

Die Welt erfahren heißt für Kinder auch, auf Trauer, Leid und Schmerz zu stoßen. Aber sie bleiben nicht allzu lange in dieser Gefühlslage, bald entdecken sie Neues.

Kummer mit den Eltern

Längst nicht immer bricht der Kummer sozusagen von außen in die Familie ein. Viel häufiger leiden heute Kinder daran, daß es in ihrer Familie, etwa in der Beziehung der Eltern zueinander, nicht stimmt. Immerhin erleben in der Bundesrepublik Deutschland jährlich 140 000 Kinder, daß ihre Eltern sich trennen, daß deren Ehe geschieden wird. Die Kinder bekommen diese Konflikte nicht nur mit, häufig werden sie hineingezogen, umworben, zur Parteinahme aufgefordert. Und nicht selten leiden sie an Schuldgefühlen, weil sie meinen, sie hätten das Unglück verursacht. Wo Kinder erleben, daß sie im Streit der Eltern oft ein Hauptthema sind, muß sich doch unwillkürlich der Gedanke einstellen: Wenn sie mich nicht hätten, müßten sie sich nicht so oft zanken, dann könnten sie sich noch liebhaben. Woher soll denn das Kind auch den Unterschied zwischen dem Grund für einen Streit und dem Thema des Streites kennen, wenn dieser in der momentanen Streßsituation den Erwachsenen nicht einmal bewußt ist.

Leiden an der Familie

Andere leiden unter der Gewalt in der Familie, wenn sie mißhandelt oder Zeuge von Mißhandlungen und gewaltsamen Auseinandersetzungen werden. Auch viele der beinahe eine Million Kinder, die zur ihrem Lebensunterhalt auf Sozialhilfe angewiesen sind oder die sonst unterhalb oder an der sogenannten Armutsgrenze leben, sind Opfer zusammengebrochener Familien und gescheiterter Ehen, denn vor allem die wirtschaftliche Situation vieler alleinerziehender Mütter verschlechtert sich rapide. Für die Kinder bedeutet dies meistens, daß sie sich hinter ihren Freunden und Spielgefährten zurückgesetzt fühlen, die sich „mehr leisten" können, so

Der Deutsche Kinderschutzbund schätzt die Zahl der jährlich körperlich mißhandelten Kinder sehr hoch ein und geht zudem noch von einer hohen Dunkelziffer aus.

daß sie im Hinblick auf Konsum und Luxus nicht mithalten können. Wenn dann noch hinzu kommt, daß die Familie, weil die teuere bisherige Wohnung nicht zu halten ist, umziehen muß in eine billigere, kleinere, schlechter ausgestattete Wohnung, bedeutet dies nicht nur einen Prestigeverlust, sondern für die Kinder in vielen Fällen auch den Verlust bisheriger Freundschaften und Kontakte.

Zerbrochene Familien

Im Zusammenhang mit dem Thema „Sucht beginnt im Kindesalter" sind diese Feststellungen deswegen von Bedeutung, weil die Broken-home-Situation sehr häufig als eine der Hauptursachen für späteres Süchtigwerden des Kindes genannt wird. Jedenfalls kommen die zerrütteten Familienverhältnisse im Lebenslauf junger Leute, die wegen Drogendelikten vor Gericht stehen, sehr häufig vor.

Nun mag es sich in vielen Fällen um Schutzbehauptungen handeln. Ob unter den Drogenabhängigen die Zahl der jungen Menschen aus geschiedenen Ehen tatsächlich höher ist als der Anteil derer, die aus „geordneten Verhältnissen kommen", ist offen. Und sicher ist, wenn sie denn für das Süchtigwerden eine Rolle spielt, die Broken-home-Situation nur einer aus einem ganzen Bündel von Faktoren. Wie die Entwicklung des Menschen grundsätzlich von vielen Einflüssen und Vorgängen bestimmt wird.

Wenn die Eltern „schuld" sind, weil sie sich haben scheiden lassen, muß ich mich für mich selbst nicht mehr so sehr verantwortlich fühlen, denkt mancher Jugendliche. Andererseits kann nicht bestritten werden, daß Kinder unter dem Zerbrechen der Ehe leiden und daß ihrem Betroffensein meistens zu wenig Beachtung geschenkt wird. Daß Eltern sich entschließen, im Interesse ihrer Kinder ihre Beziehung zu retten, indem sie durch Paar-

Zwar ist bei Scheidungsverfahren das Wohl des Kindes vorrangig zu berücksichtigen, aber mit Anna Freud schätzen auch viele erfahrene Juristen, daß es durchweg nur um die am wenigsten schädliche Lösung geht.

therapie und Beratung einen neuen Anfang machen, kommt höchst selten vor. Untersuchungen über das Verhalten in der Scheidungssituation zeigen, daß Väter und Mütter mit ihrer Enttäuschung und mit der Beendigung ihrer Ehe so sehr beschäftigt sind, daß sie die Frage, wie die Kinder damit leben werden, ziemlich vernachlässigen.

Dieselben Untersuchungen lassen aber auch erkennen, daß die Scheidungsfolgen lange nachwirken und längst nicht überwunden sind, wenn die Dinge äußerlich geregelt erscheinen und das Leben wieder seinen normalen Gang geht.

Ein Bündel von Belastungen

So mag diese Belastung des Kindes, wenn sie zu anderen Faktoren hinzu kommt, durchaus die Suchtgefährdung steigern. Und wo es nicht die Betroffenheit über die Scheidung der Eltern selbst ist, können deren äußere Folgen sich negativ auf die Entwicklung des Kindes auswirken. Da ist einmal das in vielen Fällen zu beobachtende Absinken der schulischen Leistungen, mit dem Kinder und selbst Jugendliche auf die Trennung der Eltern und den Verlust des dauernden Kontaktes zum „ausgezogenen Elternteil" reagieren und das verschärft wird, wenn im Zusammenhang mit der neuen Situation etwa auch ein Schulwechsel notwendig wird und dadurch der regelmäßige Kontakt zu Freunden verlorengeht. Wenn ein Kind glaubt, daß sein Ansehen beim Lehrer und dessen Sympathie von seiner Leistung abhängen, befürchtet es beinahe selbstverständlich, daß mit den schlechteren Noten auch die Zuwendung schrumpft. Und sich in eine neue Klasse einzufügen und bisherige Freundschaften durch neue zu ersetzen, ist gleichfalls nicht leicht. Kein Wunder also, wenn manches Kind sich zunächst einmal sehr zurück hält und dadurch den Mitschülern gegenüber als „Einzelgänger" und „Außen-

Nicht nur viele Frauen klagen darüber, daß sie nach einer Scheidung in eine Isolierung geraten, weil die bisherigen Beziehungen gestört sind. Auch ihre Kinder empfinden sich leicht als Außenseiter, als von anderen – z. B. Lehrern und Mitschülern – schlechter behandelt.

Ein Ende mit Schrecken ist oft besser als ein Schrecken ohne Ende. Doch meistens geht nach der Trennung der Eltern der Streß für die Kinder weiter.

seiter" erscheint. Dazu kommt noch oft die Erfahrung, daß mit der Trennung der Eltern deren "Ehekrieg" doch noch nicht beendet ist, daß dieser nur auf andere Weise und meistens subtiler – und gar nicht so selten auf dem Rücken des Kindes – fortgesetzt wird. Ein anderes Kind ist darüber unglücklich, daß einer der beiden Elternteile sich von ihm nicht nur äußerlich getrennt hat, sondern oft wochen- oder monatelang aus seinem Leben faktisch verschwunden ist.

Das alles erschwert den Kindern die Unbefangenheit, die eigentlich nötig ist für den Neuanfang unter den neuen Verhältnissen: Das eine forciert die Kontaktaufnahme und handelt sich dafür Distanz und Ablehnung ein. Das andere entmutigt durch seine Traurigkeit oder Zurückhaltung andere Kinder, zu ihm Kontakt aufzunehmen, eine Freundschaft anzubahnen. So geraten beide auf verschiedenen Wegen in die Ecke der Außenseiter.

Zusammenbleiben wegen der Kinder?

Wenn sich die Zerrüttung der Ehe der Eltern und deren Trennung nebst Folgen so häufig negativ auf die Entwicklung des Kindes auswirken, dann wäre es doch eigentlich am besten, wenn die Eltern sich entschließen würden, ihre Scheidungsabsicht aufzugeben und dem Kind zuliebe beieinander zu bleiben.

Dieser Gedanke ist naheliegend. Aber ist er auch realistisch? Kann man erwarten, daß Mann und Frau, die sich trennen wollen, weil sie meinen, nicht mehr miteinander leben zu können, dieses für sie unbefriedigende Dasein fortsetzen? Und hätten die Kinder wirklich etwas davon?

Wichtigste Voraussetzung für die Fortsetzung der Ehe der Eltern wäre nämlich, daß ihre gestörte Beziehung wieder in Ordnung kommt. Das zu erreichen, ist kaum ohne Hilfe von außen möglich; es bedürfte also einer intensiven Paartherapie. Und darin werden sie nur einwilligen, wenn sie sich davon nicht nur etwas für die Kinder, sondern auch für sich selbst versprechen können. Sie müssen einander noch wichtig und aneinander interessiert sein.

Ohne das wäre die Fortsetzung der Ehe lediglich die Verlängerung eines als unerträglich empfundenen Zustandes. Und davon hätten die Kinder nichts, im Gegenteil, es würde sich negativ auswirken. Denn wo früher dazu geraten wurde, wegen der Kinder die Scheidung zu vermeiden, wird heute im Interesse der Kinder bei schwerer Zerrüttung der Beziehung der Eltern eher zur schnellen Beendigung der Ehe geraten.

Es hat sich gezeigt, daß ein solches „Ende mit Schrecken" für die Kinder besser zu verkraften ist als ein „Schrecken ohne Ende".

Lieber Trennung als ständiger Krieg

Ein Leben in einer vergifteten Atmosphäre, das Miterleben der Enttäuschung, der Feindseligkeit, des permanenten Streits, von Gehässigkeiten und Rachegelüsten, dies alles irritiert Kinder sehr, verunsichert sie und führt häufig zu Verhaltensauffälligkeiten und Fehlentwicklungen. Da ist es in den meisten Fällen durchaus besser, die Situation durch eine zunächst äußere Trennung zu entschärfen und Bedingungen zu schaffen, in denen sich

Wie diese Lösung aussehen könnte, läßt sich nicht festlegen. Wohl aber kann man einige Prinzipien benennen, die beachtet werden sollten.

Selbst die Zustimmung, zukünftig bei einem der beiden Elternteile zu leben, bedeutet keine Ablehnung gegenüber dem anderen.

die Beteiligten einigermaßen beruhigen können. Verschiedene Untersuchungen zeigen, daß Kinder, die lange Zeit den Spannungen und Streitigkeiten, dem „Ehekrieg" ihrer Eltern ausgesetzt waren in ihrer persönlichen und sozialen Entwicklung viel stärker benachteiligt sind als Kinder, die nach relativ schneller Trennung der Eltern mit einem Elternteil allein lebten, zum anderen aber regelmäßigen Kontakt hatten.

Fazit: Es gibt keine „leichte" und auch keine generelle Lösung. Wie immer, wenn es um Probleme zwischen Menschen geht, muß auch hier der Ausweg gefunden werden, der den verschiedenen, manchmal entgegengesetzten Bedürfnissen und Wünschen der Beteiligten entspricht und der für alle begehbar ist – und eben nicht nur für die Erwachsenen. Ein Kompromiß, mit dem alle leben können.

Erstens: Bei allem, was Eltern im Hinblick auf ihre Beziehung tun, müssen sie das Wohl der von ihren Entscheidungen betroffenen Kinder mitbedenken.

Zweitens: Daß ein Kind in der Auseinandersetzung zwischen den Eltern für einen der Partner Partei ergreift, bedeutet längst nicht, daß es sich mit diesem auch innerlich solidarisiert. Manchmal schlägt es sich allein aus Gerechtigkeitsempfinden auf die Seite des in seinen Augen Schwächeren, auch wenn es mit diesem weniger verbunden ist.

Drittens: Um dem Kind die „innere Zerreißprobe", sich zwischen den Eltern entscheiden zu müssen, zu ersparen, sollten diese sich bemühen, es aus ihren Auseinandersetzungen möglichst herauszuhalten.

Dazu gehört, daß man auf Versuche verzichtet, das Kind zur Parteilichkeit zu verleiten – es zu diesem Zweck zu umwerben. Und daß man den anderen nicht herabsetzt, ihn bloßstellt.

Viertens: Auch wenn sich ihre Lebenswege trennen, den geschiedenen Eltern verbleibt eine gemeinsame Verantwortung für das Wohl des Kindes.

Und beiden verbleibt – vielleicht unterschiedlich stark – die Zuneigung des Kindes.

<u>Fünftens:</u> Das Kind braucht einen möglichst unbelasteten Umgang mit beiden Elternteilen.

Daher ist es Pflicht beider Eltern, die Beziehung des Kindes zum jeweils anderen Elternteil nicht zu stören.

<u>Sechstens:</u> In aller Regel sind Eltern allein nicht in der Lage, die Lösung zu finden, mit der die Beteiligten leben können.

Der Anwalt ist für die Regelung der Rechts- und Vermögensfragen zuständig. Im Hinblick auf die Gestaltung der Beziehungen der Betroffenen nach der Scheidung ist er meistens inkompetent. Es ist daher dringend zu empfehlen, in Hinblick auf dieses Problem den Rat von erfahreren Ehe-, Partnerschafts- und Lebensberatern, eines Scheidungsberaters oder von Psychologen in Anspruch zu nehmen.

Bei aller Enttäuschung, Verletztheit, Empörung und Trauer über die verlorene Hoffnung, soviel Gemeinsamkeit und Verantwortung für das Kind müssen sein. Auch nach dem Ende der Ehe der Eltern, die Schicksalsgemeinschaft bleibt erhalten.

Probleme in der Familie

Weil Kinder die Schicksalsgefährten ihrer Eltern sind, sind sie selbstverständlich auch mitbetroffen, wenn es in der Familie ein Suchtproblem gibt. Das ist leicht einzusehen, soweit es um die wirtschaftlichen und sozialen Folgen geht. Wenn der Alkoholiker seiner Krankheit wegen seinen Arbeitsplatz verliert, wenn der Spieler regelmäßig große Teile seines Einkommens verspielt, dann spürt selbstverständlich das Kind die Einschränkungen, die dies für die Familie bedeutet. Dann bleibt mancher Wunsch unerfüllt, da hört es immer wieder, daß für dies oder jenes kein Geld da ist.

Dazu gehört auch, daß man das Kind nicht als Faustpfand im Streit benutzt oder dazu, den anderen „zu bestrafen".

Das Ziel dabei sollte es sein, eine für das Kind erträgliche und seine Entwicklung möglichst wenig beeinträchtigende Lösung zu finden, den Schaden, der durch die Trennung der Eltern entstehen kann, gering zu halten.

Und dann ist da die immer wiederkehrende Angst, wenn etwa der alkoholsüchtige Mann im Rausch zu Aggressivität oder gar Gewalttätigkeit neigt oder der nikotinsüchtige Erwachsene höchst unleidlich wird, wenn ihm die Zigaretten ausgehen.

Bei Kindern von Alkoholikern – und dies ist in den Familien neben der Nikotinsucht die am häufigsten bekannte Abhängigkeit –, ist zu beobachten, daß sie das Verschleierungsspiel perfekt mitspielen.

Natürlich bekommt das Kind auch die Spannungen mit, die sich aus der Sucht ergeben, die Sorgen um die gesundheitlichen Folgen und um den körperlichen Abbau des Betroffenen, die Bemühungen um Hilfe, die Hoffnungen auf die neue Therapie, die Enttäuschung und Verzweiflung nach dem Rückfall.

Leben mit einem Tabu

Weil Suchtkrankheit oft noch als ehrenrührig und als Familienschande gilt, ist die Neigung groß, sie nach Möglichkeit vor Außenstehenden zu verheimlichen. Man spricht mit niemandem darüber, man deckt den Kranken, wo immer es eben geht, hilft ihm heraus, wenn er sich in Schwierigkeiten gebracht hat, und tut alles, um die Sache unter der Decke zu halten. Und wo das süchtige Verhalten nicht verheimlicht werden kann, da versucht man es herunterzuspielen und zu verniedlichen. Da wird aus dem Rausch der gelegentliche „Ausrutscher", aus dem übermäßigen Trinken der Beweis, „wieviel man verträgt".
So scheint mancher Alkoholkranke im Lot zu sein, solange es ihm möglich ist, den Alkoholspiegel im Blut konstant zu halten. Aber auf die Dauer ist dies nicht machbar.
Mit dieser Verschleierung und den „kleinen aktuellen Hilfen" mindert man zugleich aber auch den Leidensdruck des Kranken, der ihn motivieren könnte, seine Krankheit vor sich selbst zuzugeben und sich durchgreifend helfen zu lassen. Manchmal muß jemand erst „ganz unten angekommen" sein, bevor die Einsicht und Erkenntnis sich durchsetzen, daß es nicht so weitergehen kann.
Viele Kinder haben ein höchst ambivalentes Verhältnis zum kranken Elternteil; einerseits schämen sie sich seinetwegen, andererseits lieben sie ihn. Dafür neigen Alkoholkranke – vielleicht aus schlechtem Gewissen –

oft unwillkürlich dazu, ihre Kinder oder eins ihrer Kinder durch besondere Zuneigung oder gar durch Verwöhnen zu entschädigen.

Wo es wegen der Sucht Spannungen und Streit zwischen den Eltern gibt und der Kranke deswegen sein süchtiges Verhalten auch dem Partner gegenüber zu verheimlichen sucht, spielen die Kinder bei diesem Versteckspiel häufig mit und decken den Kranken, wo immer es geht. Manche Kinder lernen so früh, dies auszunutzen und sich dafür belohnen zu lassen.

Geschwister sind auch Vorbilder

Geht es bei der Abhängigkeit der Eltern überwiegend um Alkohol und Nikotin, so begegnen die Kinder bei größeren Geschwistern und deren Freunden auch noch einer Reihe anderer Suchtstoffe. Ihr Verhalten gegenüber Bruder oder Schwester wird weitgehend davon bestimmt, wie sich die Eltern dazu einstellen. Nehmen sie die Gefährdung des Jugendlichen nicht zur Kenntnis, verharmlosen sie sie, zeigen sie ihre Besorgnis, reagieren sie mit Ablehnung oder Liebesentzug? Besonders verhängnisvoll für das kleinere Kind ist das Nichtwahrhabenwollen der Eltern, die Verdrängung ihrer Sorgen und Ängste.

Wenn die Eltern nichts gegen das Schnüffeln oder den Joint des großen Bruders oder der Schwester unternehmen, kann es so schlimm ja nicht sein.

Wo regelmäßig geraucht und bei jeder Gelegenheit Alkohol getrunken wird, „ist ja nichts dabei“, wenn das Kind es auch einmal ausprobiert. Gerade beim Rauchen ist der Nachahmungsdrang besonders stark.

Kinder von rauchenden Eltern beginnen früher und dreimal so häufig mit dem Nikotinkonsum, häufig schon als Schulkinder. Dabei spielt aber auch das Gruppenmilieu eine Rolle, in dem das Kind außerhalb der Familie lebt.

Im Hinblick auf eine mögliche spätere Suchtkarriere des Kindes wirkt sich vor allem die Gewohnheit in der Familie im Umgang mit Genuß- oder Rauschmitteln aus.

Die Gruppe als Vorbild

Für das Kennenlernen anderer Suchtstoffe wie Haschisch, LSD oder die Schnüffelflasche ist die Gruppe der Gleichaltrigen vor allem ausschlaggebend. Aber wer in der Familie gelernt hat, Schnaps, Bier, Wein oder Zigaretten „auszuprobieren", ist sehr viel leichter verführbar, wenn es um andere Suchtstoffe geht.
Für jugendliche Alkoholiker war in vielen Fällen das „Trost- oder Kummertrinken" der erste Schritt in die Sucht.
Die Behandlung eines Suchtkranken kann sich nicht nur auf den gelegentlichen Entzug und vielleicht noch auf eine „Entwöhnung" beschränken. Das Leben „nach dem Stoff" bedeutet einen neuen Anfang, und darum müssen in die Therapie auch die Menschen einbezogen werden, die selbst nicht süchtig sind, aber dieses „Leben danach" teilen. Dazu gehören auch die Kinder. Auch sie müssen das Erlebte und Ängstigende verarbeiten.

Leiden an einer Dauerlast

Nicht wenige Familien stehen unter andauernder Belastung und tragen unter Umständen jahrelang an einem schweren Schicksal. Und die Kinder müssen es mittragen. Da ist zum Beispiel die Mutter, die häufig unter Migräneanfällen leidet, dringend Ruhe braucht und dazu die Kinder ständig zum Stillsein auffordert und sie auf alle mögliche Weise diszipliniert. Oder der depressiv verstimmte Erwachsene, der mit seinem Pessimismus, seinen schwarzen Gedanken und seinem Argwohn die Familie drangsaliert und vor allem seine bewußten und unbewußten Ängste auf die Kinder überträgt, sie gewissermaßen damit ansteckt.
Schließlich gibt es den Dauerpatienten, der aufgrund einer langwierigen Krankheit oder einer Schädigung ständige Rücksichtnahme und Hilfe einfordert.

Neben der Nachahmung in der Familie und dem Einfluß von Gleichaltrigen besteht eine weitere Gefahr im Hinblick auf das Süchtigwerden in dem Versuch, sich in einer unbefriedigenden Situation oder in schwierigen Verhältnissen durch den Genuß von Alkohol oder anderen Drogen abzulenken.

Enttäuschung und gelegentliche Aggressionsausbrüche auf der einen Seite und der Selbstvorwurf des Egoismus und Schuldgefühle dem Kranken gegenüber auf der anderen Seite wechseln einander ab.

Dies gilt insbesondere, wenn die Fürsorge dem behinderten Bruder oder der behinderten Schwester gelten muß. Dieses Kind absorbiert einen großen Teil der Zeit und der Kräfte der Eltern, und dem nicht behinderten Kind erscheint die ständige Zuwendung zum Behinderten als Bevorzugung. Bei Ferienfreizeiten mit Familien mit nicht behinderten und behinderten Kindern zeigten sich die Kinder durchweg überzeugt, daß die Eltern das behinderte Kind mehr lieben. Sie selbst fühlten sich fortgesetzt benachteiligt.

In der Lebensgeschichte jugendlicher Suchtkranker werden unter dem Stichwort Familienschicksal vor allem zwei Faktoren genannt: der kranke oder psychisch gestörte Erwachsene und das Leben im Schatten eines behinderten Geschwisters.

Wenn sich das Leben immer nur um andere dreht, wenn man immer nur zurückstecken muß, leidet die Kinderseele Mangel. Wer hilft dem Kind da heraus?

Die Mütter dagegen waren enttäuscht, daß ihre nicht behinderten Kinder so wenig Verständnis für ihre Lage aufbrachten. Und ihre Fragen wegen erzieherischer Probleme und Schwierigkeiten mit den Kindern bezogen sich ausschließlich auf die nicht behinderten.
Bei denen schwankte die Einstellung dem Behinderten gegenüber zwischen Anteilnahme, Mitleid, Zuneigung und gelegentlichem Haß und Abneigung – und eben dem schlechten Gewissen.

Die Situation dieser Familien ist nicht leicht, und sie läßt sich kaum oder überhaupt nicht verändern. Um so wichtiger ist es, den Betroffenen zu helfen, damit zurechtzukommen.
Besonders müssen die Kinder erleben und erfahren, daß die notwendige intensive Zuwendung zum Kranken und Behinderten nicht auch konzentrierte alleinige Zuneigung bedeutet. Auch sie müssen sich geliebt wissen. Und man muß um ihr Verständnis für die Schwierigkeiten und Zwänge werben. Das heißt aber zunächst einmal, daß man darüber reden, sich dem Kind anvertrauen, ihm die Lage erklären muß. Und wo besondere Rücksichtnahme und vielleicht auch ein Verzicht um des behinderten Kindes willen erforderlich sind, darf man dies nicht einfach erwarten – sondern erbitten.

Die nicht behinderten Kinder in die Hilfe und Verantwortung für das behinderte Kind einzubeziehen, kann sehr hilfreich sein und die Beziehung zwischen den Geschwistern festigen und stärken. Es kann auch zur Förderung des Selbstbewußtseins beitragen.

Aber Vorsicht vor selbstverständlichen Erwartungen und vor Überforderungen, damit die Hilfsbereitschaft nicht plötzlich in Ablehnung umschlägt und sich beim nicht behinderten Kind zum Gefühl des Zurückgesetztseins der Verdacht des Ausgebeutetwerdens gesellt.

Ungestillte Trostbedürftigkeit ist nicht nur bei Kindern, sondern auch bei vielen Erwachsenen eine der Ursachen für ein mögliches Abrutschen in die Sucht.

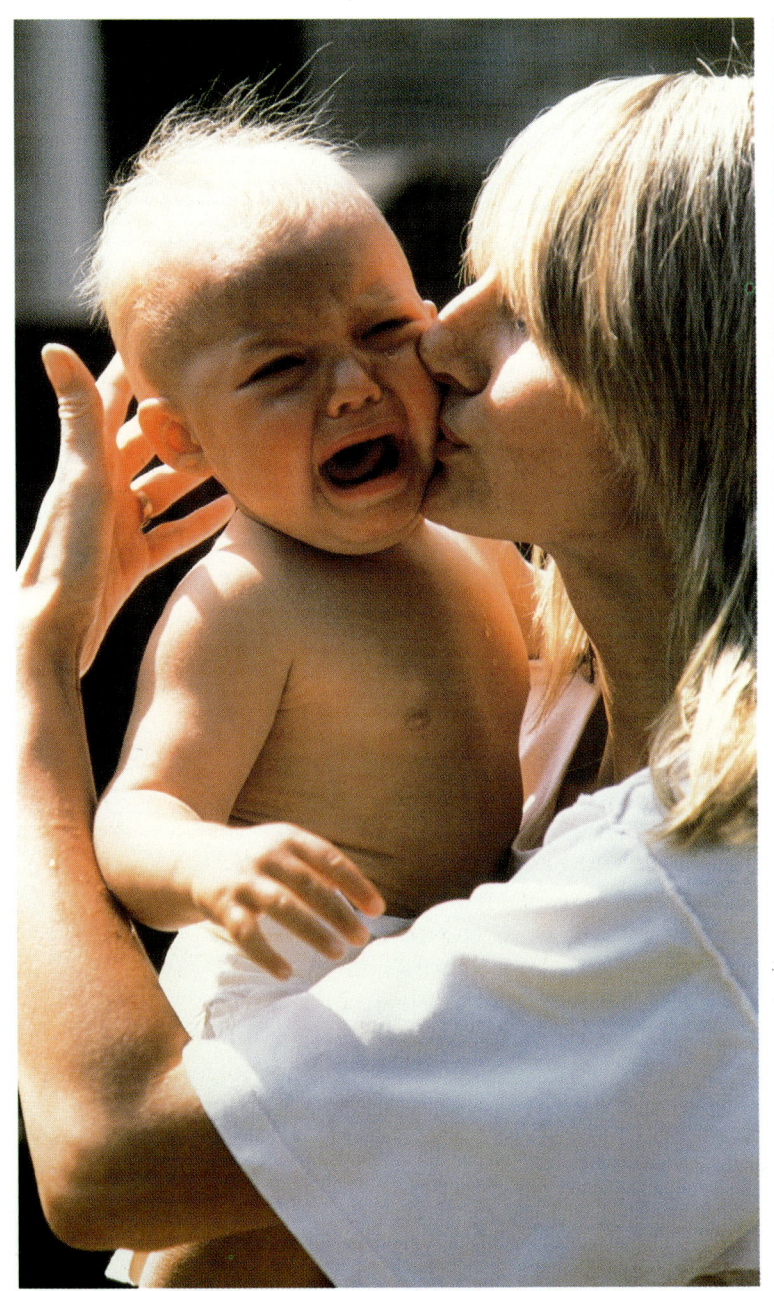

Wer früh die Erfahrung machen darf, daß Kummer und Trost zusammengehören, lernt besser mit Enttäuschungen fertig zu werden als jemand, dessen Kummer schon in frühester Kindheit ungestillt blieb.

51

Angst vor der Zukunft

Wie kommt es, daß heute so viele Kinder über Ängste klagen – oder nicht klagen –, die ihnen mit Sicherheit nicht in der Familie beigebracht worden sind, sondern sich auf die vor ihnen liegende Zukunft beziehen?

Kinder, so sagt eine fest verbreitete Überzeugung, sind auf Optimismus abonniert. Sie haben das Leben vor sich, sie träumen davon, erwachsen zu werden, sie haben Pläne, Hoffnungen und Zuversicht. Natürlich haben Kinder auch Angst, aber das ist ja auch überlebenswichtig. Sie hält sich in Grenzen. Kleine Kinder haben noch keine Ahnung von Schwierigkeiten und Problemen, und solange sie eine gute Beziehung und noch absolutes Vertrauen zu den „Großen" haben, sehen sie für ihr Leben keine Risiken.

Wenn Kinder ängstlich sind, dann haben die Erwachsenen, vor allem die Eltern, sie dahingehend geprägt, zum Beispiel, indem sie sie mit ihren Ängsten ansteckten, sie übertrugen. Und indem sie ihnen ständig mit Warnungen und Mahnungen, dies und jenes sei zu gefährlich, in den Ohren lagen. Das ist eine verbreitete Meinung, und möglicherweise war sie früher ja auch richtig.

Körperliche Symptome der Angst

Erziehungsberater, Kinderpsychologen und Ärzte berichten immer wieder von Kindern, die alle möglichen Symptome zeigten, denen ständig schlecht wurde oder die plötzlich zu zittern begannen. Auch die gründlichste medizinische Untersuchung erbrachte keinen Befund. Körperlich fehlte den Kindern nichts.

So auch die siebenjährige Tochter einer Ärztin, die allmorgendlich Schwindelanfälle bekam, die sich in der Schule erbrach oder über Kopfschmerzen klagte. Erst als der Kinderpsychologe das Kind bat zu zeichnen, wie es sich sein Leben als Erwachsener vorstellt, wurde der Grund der Störungen erkennbar. In den Zeichnungen kamen Ruinen, ein pechschwarzer Himmel, Feuer und Männer mit Waffen vor.

Ähnliches wie auf den Bildern spielte sich auch in den Träumen ab. Die Eltern versicherten glaubwürdig, daß das Kind nie alleine fernsehe, meistens sogar aus dem Zimmer ginge, wenn das Gerät eingeschaltet würde. Auch an erschreckende Erlebnisse des Kindes konnten sie sich nicht erinnern.

Das Mädchen hing an seinen Eltern und an ihrem großen starken Bruder. In seiner Reihenfolge kam erst der Vater, dann der Bruder und zuletzt die Mutter. Zusammen mit dem Bruder spürte es am wenigsten Angst. Und doch hing ihr krankhaftes Verhalten mit dem Größeren zusammen, mit der Tatsache nämlich, daß er seine kleine Schwester nicht ernstgenommen hatte, als sie von ihren Ängsten sprechen wollte, daß er sie als Angsthasen verspottete. Weil sie sich dem nicht mehr aussetzen wollte, schwieg sie lieber, und die Ängste setzten sich bei ihr fest und verdichteten sich zur ständigen Erwartung, daß irgend etwas Schreckliches passieren müßte.

Über Ängste reden

Ihre Angst vor der Schule hing keineswegs mit schlechten Leistungen zusammen, sondern mit der Besorgnis, in der Zeit ihrer Abwesenheit könnte den Eltern Schlimmes zustoßen, und sie müßte allein zurückbleiben.

Als einmal in der Familie vom Tod einer Nachbarin die Rede war, sagte das Mädchen, wenn sie alle sterben müßten, sei das gar nicht so schlimm: „Hauptsache, wir sind alle beieinander!"

Daß es zunächst mit dem Therapeuten über seine Ängste sprechen konnte, war schon eine große Hilfe. Es dauerte aber eine Weile, bis es bereit war, sich bei Ängsten den Eltern anzuvertrauen.

Nur den Bruder sparte es dabei aus – von ihm erwartete es kein Verständnis, „weil der so stark ist und nie Angst hat".

Kinderzeichnungen offenbaren den Kummer in der Seele weit eher als die Erzählungen der Kinder, weil ihnen meist noch die Worte fehlen.

Unsere Kinder erleben viel Angstmachendes, und das keineswegs nur in der Familie. Verschiedene Untersuchungen zeigen, daß bei Kindern und Jugendlichen erhebliche Zukunftsängste vorhanden sind.

Anläßlich einer „Phantasiereise in die Zukunft", bei der Kinder die Welt in zwanzig Jahren malten und erläuterten, schilderten 55 Prozent diese Zukunftswelt sehr pessimistisch, lediglich ein Viertel äußerte optimistische Erwartungen.

Umweltkatastrophen, Krieg und Hungersnöte

Bezeichnend sind die Antworten, die im Jahre 1989 rund 2500 Kinder und Jugendliche von acht bis sechzehn Jahren auf die Umfrage einer Zeitschrift nach ihrem „wichtigsten Weihnachtswunsch" gaben. Die Reihenfolge sah so aus:
1. Besserer Umweltschutz, vor allem Maßnahmen gegen das Ozonloch, die Luft- und Wasserverschmutzung, das Tiersterben
2. Friede und Abrüstung
3. Gesundheit für die ganze Familie
4. Politische Fortschritte im Osten (das war noch vor der Öffnung der Mauer)
5. Kampf gegen den Hunger in der Welt
6. Gute Schulleistungen
7. Harmonie zwischen Mutter und Vater.

Nun mag man sagen, die Kinder wiederholen nur, was sie von den Eltern und Lehrern gehört haben, das sitzt nicht tief und man muß ihnen in der Erziehung Optimismus und Zuversicht beibringen. Oder man kann auch sagen, das seien einfach die Folgen der Informationsflut, denen Kinder heute ausgesetzt sind.
Bezeichnend jedenfalls ist, daß nach mehreren Untersuchungen Kinder und Jugendliche pessimistischer in die Zukunft schauen als Erwachsene.
Dazu stellt Horst-Eberhard Richter fest: „Kaum vorstellbar, daß sich solche bedrückenden Vorstellungen nicht psychosomatisch auswirken sollten. Es läßt sich schwer klären, wieviel Lustlosigkeit, Mattigkeit, Apathie, Konzentrationsschwäche, Anfälligkeit für Alkohol, Kettenrauchen und Drogen mit jenen ökologischen Schreckbildern zusammenhängen …"
Oder anders ausgedrückt: Hinter so manchem, was uns an Unwohlsein und Verhaltensauffälligkeiten bei Kindern bedrückt, stecken bewußte oder unbewußte Ängste.

Der Autoverkehr hat die Kinder nicht nur von der Straße verdrängt, auch die Luftverschmutzung setzt ihnen zu. Dies und viele andere Bedrohungen lösen in den Kindern Ängste aus.

Diese Kinder bedürfen einer Therapie, die ihnen hilft, ihre Ängste zu verarbeiten. Sie brauchen am allerwenigsten beschwichtigende Worte: Es wird schon nicht so schlimm werden! Vor allem aber brauchen sie keine Beruhigungspille! Sonst könnte es sein, daß sie irgendwann auf den Weg in die Abhängigkeit abrutschen, weil sie keine anderen Lösungsmöglichkeiten kennengelernt haben.

Nur nicht erwachsen werden

Wen wundert es, wenn Kinder, die Angst vor der Zukunft haben, diese vermeiden möchten, indem sie sich sozusagen weigern, erwachsen zu werden. Jedenfalls vermuten Psychologen einen Zusammenhang zwischen der Zukunftsangst und einer unter Jugendlichen verbreiteten Suchtform, der Anorexie oder Magersucht. Sie ist vor allem bei jungen Mädchen anzutreffen, die auf keinen Fall zunehmen möchten, ängstlich auf die Waage schauen und auf ein paar Gramm Gewicht mit Hungern reagieren. Die Natur wehrt sich gegen das Aushungern, indem sie alle Funktionen soweit wie möglich einschränkt. So bleibt bei vielen Mädchen die Periode aus, gerät der Zyklus in Unordnung. Manchmal hilft nur die Zwangsernährung, um zu verhindern, daß ein Mädchen sich zu Tode hungert oder an absoluter Unterernährung stirbt.

Durch das ständige Hungern wird der ganze Organismus geschwächt, werden die Widerstands- und Selbstheilungskräfte so stark beeinträchtigt, daß selbst eine leichte Erkrankung lebensbedrohend werden kann.

Nur nicht fraulich werden

In den Erklärungsversuchen für die Ablehnung des Erwachsenwerdens ist häufig davon die Rede, daß ein Zusammenhang mit den traditionellen Rollenbildern und mit der faktischen Minderbewertung von Frauen und Mädchen in unserer Gesellschaft existiere. So wie ihre Mütter möchten diese Mädchen nicht sein, und deswegen bekämpfen sie unbewußt durch ihr Hungern die Ausbildung der typischen Formen.

Wo immer ein Kind am Beginn oder in der Pubertät zu hungern beginnt, ist größte Aufmerksamkeit geboten und muß Hilfe gesucht werden.

Eine Therapie ist unumgänglich

Auf der anderen Seite wird aus der Tatsache, daß Anorexie vor allem bei Mädchen und jungen Frauen vorkommt, bei Jungen dagegen kaum zu beobachten ist, geschlossen, daß Jungen von Zukunftsängsten weniger stark beeindruckt seien als Mädchen.

Der Bär und das Sensibelchen

Wie ist denn eure Lehrerin?
Ganz lieb.
Wen hat die Lehrerin denn am liebsten?
Die klugen Kinder natürlich.
Bist du ein guter Schüler?
Es geht.
Wärst du lieber ein kluger Schüler?
Eigentlich schon, aber mein Papa hat gesagt,
das ist nicht so wichtig. Hauptsache, du bist
ein guter Mensch, sagt der Papa.

Perfekte Kinder gibt es nicht. Von wenigen Ausnahmen
abgesehen, halten sich Stärken und Schwächen des Kindes die Waage. Daß man Kinder trotzdem unterschiedlich einschätzt und oft wohl auch unterschiedlich wert-
schätzt, hängt vor allem mit einem zusammen: Daß
bestimmte Begabungen und Fähigkeiten bei den
Erwachsenen einen unterschiedlichen Stellenwert
haben, daß der Beurteilung eines Kindes vor allem seine
intellektuellen Fähigkeiten und seine entsprechenden
Leistungen zugrunde gelegt werden.
Aber der kleine etwas tapsige Bär, der sich mit dem
Denken schwer tut, manches nicht oder viel später erst
begreift als andere und in der Schule gerade so mithält
– woher soll er ein ausgeglichenes Selbstbewußtsein
nehmen? Und was ist mit dem kleinen zierlichen
Mädchen, dem Sensibelchen, dem man immer ansieht,
daß es alle Antworten auf die Fragen der Lehrerin auf
der Zunge hat, aber vor Aufregung oder Angst nicht
aussprechen kann?

Gerade Kinder, die oft zurückgesetzt werden oder, um dies zu verhindern, sich selbst zurückziehen,
brauchen Zuneigung, Zuwendung
und Anerkennung.

Kinder brauchen Lob und Anerkennung, und es gibt wohl kein Kind, das nicht auf irgendeine Weise Lob und Anerkennung verdiente. Es kommt darauf an, die starken Seiten des schwachen Kindes zu finden und sie hervorzuheben.

Kinder sind verschieden

Jedes Kind hat das Recht, in seiner Eigenart gesehen und geliebt zu werden. Die Unterschiede liegen nicht nur in der körperlichen Stärke und in den geistigen Talenten. Manches hochbegabte Kind kommt nicht dazu, das zu zeigen, was in ihm steckt, weil seine Lebensumstände eine entsprechende Förderung nicht zuließen, so daß die weniger begabten, aber mehr geförderten Mitschüler an ihm vorbeiziehen. Warum werden Redlichkeit, Zuverlässigkeit, Beständigkeit eines Kindes weniger geschätzt als Cleverneß und schnelle Auffassungsgabe?

Manches Kind, das seine Eltern und Lehrer schulisch enttäuschte, erweist sich als liebenswert, hilfsbereit oder zeigt sich geschickt und anstellig, wo es gilt, die Hände zu gebrauchen und Augenmaß zu beweisen.

Wer wüßte nicht von dem schwachen Schüler, der unentbehrlich ist, den seine Mitschüler hieven und fördern, weil er beim Fußball die besten Tore schießt. Er hat normalerweise keine besonderen Probleme, sein Selbstbewußtsein im Gleichgewicht zu halten.

Andere Kinder schleppen Lasten mit sich, die sie bedrücken und von denen kaum jemand etwas ahnt. Wieder andere können wegen Krankheit oder Behinderungen mit den übrigen nicht mithalten und geraten so in die Außenseiterposition.

Wer andauernd frustriert, abgewiesen und von Unlustgefühlen heimgesucht wird, kommt in die Gefahr, sich anderweitig zu entschädigen, sich Ersatz für entgangene Lebenslust zu verschaffen.

Nicht nur Kinder sind nicht perfekt, auch Eltern sind es nicht. Sie machen Fehler und bleiben ihren Kindern manches schuldig, vielleicht weil sie es nicht besser wissen, vielleicht weil die Verhältnisse manches nicht so zulassen, wie die Kinder es brauchen.

Wenn Kinder schwierig werden

Wenn Kinder schwierig werden, hat das nie nur einen Grund. Seelische Störungen haben meistens ein ganzes Bündel von Gründen und Ursachen, und sie können mancherlei bedeuten. Verhaltensauffällige Kinder reagieren mit ihrer Auffälligkeit meistens, wenn nicht fast immer auf Bedingungen und Verhältnisse in ihrer Umwelt. Ein aggressives Kind ist nicht vom Charakter her streitsüchtig, es muß nur irgendwie und irgendwo seine Wut herauslassen – und das passiert durchweg in der Beziehung zu einem Schwächeren.

W er unter einem schlechten Klima in der Familie am stärksten leidet, zeigt die Symptome für die Krankheit des Systems, mit dem er ständig leben muß.

Verteilt sich die Zuneigung auf mehrere Kinder, kommen Worte wie Zurücksetzung und Bevorzugung ins Spiel.
Kinder müssen lernen, mit wechselnden Positionen klarzukommen.

Derartige Mitteilungen über Verhaltensstörungen eines Kindes sind keine Aufforderung, das Kind etwa zu strafen, sondern der Hinweis, sich um Hilfe zu kümmern.

Das Kind beobachten

Das Kind verhält sich durchaus ähnlich wie jene Erwachsenen, die den Ärger, den sie sich im Betrieb eingehandelt haben, zu Hause, in der Familie loslassen. Allerdings zeigen die meisten Kinder gelegentlich Auffälligkeiten und unangepaßtes Verhalten. Man sollte es aufmerksam beobachten und zur Kenntnis nehmen. Aber es ist kein Grund zu übertriebener Sorge.

Das kann anders sein, wenn dieses auffällige Verhalten sich häuft oder über längere Zeit fortsetzt. Eltern tun gut daran, dann das Gespräch mit der Erzieherin im Kindergarten oder mit dem Lehrer oder der Lehrerin zu suchen, ob sie die gleichen Beobachtungen gemacht haben. Häufig geht der Weg auch umgekehrt, daß die Erzieherin oder der Lehrer die ersten Beobachtungen machen und die Eltern verständigen.

Warnzeichen, die man beachten sollte

Aufmerksamkeit ist geboten bei Vorschulkindern

- Die sich auffällig von anderen zurückziehen
- Die sich beim Spielen verweigern und sich absondern
- Die oft große Angst und Unsicherheit zeigen
- Die fahrig und zappelig, aufgedreht und nervös wirken
- Die ständig den Gruppenclown spielen
- Die sich ständig in einer Fantasiewelt aufhalten, in ihren Erzählungen häufig Fantasie und Realität vermischen und am liebsten für immer in ihren Fantasien bleiben möchten
- Die anderen Kindern gegenüber unprovoziert gewalttätig werden

- Die absichtlich Spielzeug und andere Gegenstände zerstören oder beschädigen
- Die häufig stören, lärmen und sich nirgends einordnen können.

Aufmerksamkeit ist geboten bei Schulkindern

- Die sich ständig langweilen, für nichts zu interessieren sind
- Die herumhängen und keine eigenen Interessen zeigen
- Die die Mitarbeit verweigern, Aufgaben häufig nicht oder nur teilweise machen
- Die ständig gute Vorsätze fassen, sie aber nicht realisieren
- Die keine Freunde haben, sich aus den Cliquen heraushalten, querulantisch sind und als permanente Spielverderber gelten
- Die unsicher und unselbständig sind, über Überforderung klagen, sich nicht entscheiden können und auf Streßsituation mit Klagen über Übelkeit oder mit anderen gesundheitlichen Störungen reagieren
- Die sinnlos zerstören oder Gewalt anwenden, ohne in einer Notsituation zu sein
- Auf die kein Verlaß ist, weder auf ihre Worte noch auf ihr Handeln.

Dies alles können Anzeichen für das Vorliegen seelischer Störungen sein, die ein späteres Süchtigwerden begünstigen.

Aber wenn es darum geht, eine Beratungsstelle aufzusuchen und die Kinder behandeln zu lassen, steht nicht die Vermeidung einer späteren Suchtgefährdung im Vordergrund; es geht um die Überwindung der Störung und darum, dem Kind zu helfen, seelisch gesund und stabil zu werden und ein normales und befriedigendes Leben mit sich selbst und mit anderen zu führen.

Zeigt Ihr Schulkind eine oder mehrere der nebenstehenden Verhaltensweisen, dann könnte eine seelische Störung vorliegen, der man auf den Grund gehen sollte.

Pillen, Tropfen und Tabletten

Eine Elfjährige klagte in der Schule über Kopfschmerzen und bat die Lehrerin um die Erlaubnis, ein paar Minuten nach draußen an die frische Luft zu gehen. Daraufhin boten ihr nicht nur die Lehrerin, sondern auch etliche Mitschülerinnen ganz selbstverständlich Schmerztabletten an. „Ich glaube", sagte mittags das Mädchen zu seiner Mutter, „ich war die einzige in der Klasse, die keine Tabletten dabei hatte!"

Die Allgegenwärtigkeit von Tabletten

Es gibt Schätzungen, wonach fast die Hälfte der Kindergartenkinder bereits regelmäßig mit Medikamenten lebt.

Ähnliche Erfahrungen können auch Erwachsene machen, die in Gesellschaft über irgendwelche Unpäßlichkeiten klagen. Die Reaktion der anderen besteht meistens in dem spontanen Griff in die Tasche. Beinahe ist man versucht, von der Allgegenwärtigkeit von Schmerztabletten zu reden. Begründung: „Bevor ich mich lange mit Kopfschmerz herumplage, werfe ich mir lieber eine Pille ein."
Bei Grundschulkindern rechnet man damit, daß 22 bis 25 Prozent von ihnen regelmäßig oder häufig bei bestimmten Anlässen Medikamente zur Verhaltensbeeinflussung oder zur Leistungssteigerung einnehmen. Eltern und Ärzte erklären, daß gelegentlich sogar Lehrer dazu raten, dem ängstlichen, unsicheren oder hyperaktiven Kind, dem sogenannten Zappelphilipp, entsprechende Medikamente verordnen zu lassen: „Da gibt es heute doch ganz hervorragende Mittel!" Diese Entwicklung erscheint außerordentlich bedenklich. Neben den Mitteln, die die Kinderärztin oder der

Selten wird in einer Krankheit die Ruhe- und Besinnungspause gesehen, die der Körper sich selbst verordnet. Krankheit wird heute eher als Zeitverschwendung betrachtet.

Arzt verordnet, gibt es noch die weidlich genutzte Möglichkeit der Selbstmedikation mit rezeptfreien Pillen, Tropfen und Pulvern, zu der eine hemmungslose „Gesundheitswerbung" animiert.

Ein medizinischer Spruch sagt: Ein Medikament, das keine Nebenwirkungen hat, hat auch keine Hauptwirkung. Deswegen gibt es in der Werbung den obligaten Hinweis auf die „Packungsbeilage". Aber eine Nebenwirkung wird häufig nicht genannt, obwohl sie außerordentlich gravierend ist: der Gewöhnungseffekt. Und der stellt sich schon bei kleinen Kindern ein. Tritt eine Unpäßlichkeit auf, ob es nun Bauch- oder Halsschmerzen sind oder Schulangst, gibt es dagegen eine Tablette oder eine Pille.

Keine Zeit zum Kranksein

Fragt man nach den Gründen dieses Verhaltens, wird zuerst die Besorgtheit der Eltern genannt, die alle ihre Liebe und alle ihre Ängste auf ihr Goldstück konzentrieren, um ihm das Bestmögliche zukommen zu lassen.

Störfall Krankheit

Man möchte nicht nur, daß das Kind gesund wird – es soll auch möglichst schnell gehen. Schon Kinder dürfen sich zum Kranksein keine Zeit nehmen. Darin drückt sich nicht nur die in unserer Gesellschaft verbreitete Auffassung aus, daß Krankheitstage verlorene Zeit seien. Häufig befinden sich die Eltern auch in einer Zwangslage: Die Zahl der Tage, an denen berufstätige Eltern wegen der Betreuung eines kranken Kindes der Arbeit fernbleiben dürfen, ist begrenzt. Und zu gewissen Zeiten gibt es in manchem Betrieb soviel Arbeit, daß der Ausfall einer Mitarbeiterin oder eines Mitarbeiters schwer zu verkraften ist. Gerade besonders qualifizierte Kräfte, die nicht einfach durch einen anderen vertreten werden können, geraten so in einen Loyalitätskonflikt zwischen den Ansprüchen des kranken Kindes und den Anforderungen des Berufs. Der Ausweg: möglichst rasche Genesung mit den stärksten Mitteln.

Ärzte klagen darüber, daß viele Eltern darauf drängen, auch schon ihren kleineren Kindern die stärkeren Medikamente zu verordnen, wo schwächere Rezepturen oder eine Behandlung mit bewährten Hausmitteln durchaus ausreichen würden.

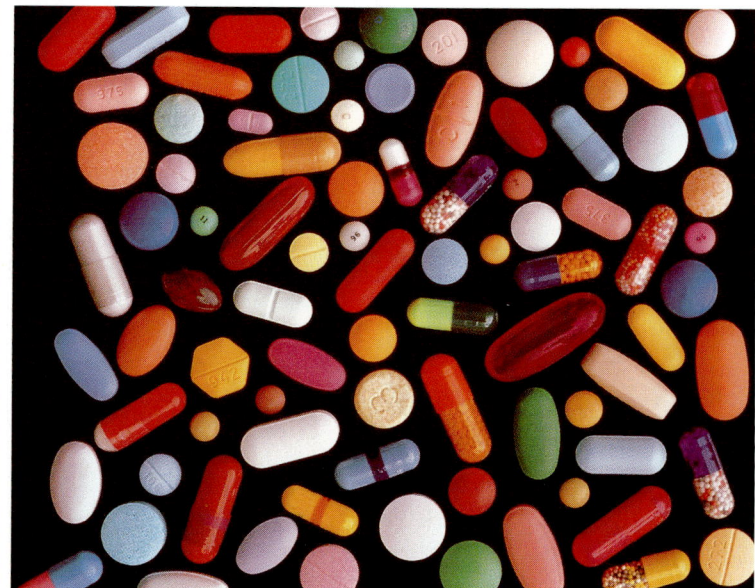

Verlorene Schultage

Ein anderer Grund, auf schnelle Genesung zu drängen, ist die Besorgnis, daß das Kind in der Schule zuviel Zeit verliert und dann den versäumten Stoff nachholen muß oder in seinen Leistungen abfällt.

Vor allem Eltern, die selbst ihrem Kind im Hinblick auf die Schule nicht oder nur wenig helfen können, möchten, daß es möglichst bald wieder am Unterricht teilnehmen kann. Und sie schicken es häufig auch schon während der Rekonvaleszenz wieder zur Schule, wenn es eigentlich noch der Schonung bedürfte. Daß hier häufig Medikamente zur Unterstützung eingesetzt werden, liegt fast auf der Hand.

Pillen gegen die Schulangst

Daß die Eltern schuld seien, wenn es dem Kind irgendwie nicht gut geht, ist eines der häufigsten Vorurteile in unserer Gesellschaft. Das andere lautet: „Die Schule macht unsere Kinder krank."

Den Grund für den zweiten Ausspruch kann man darin sehen, daß bestimmte Störungen beim Kind im Zusammenhang mit der Schule oder mit den Ansprüchen der Schule auftreten oder erkennbar werden.

Sicher ist die Schule nicht perfekt, und es gibt vieles zu verbessern. So stimmt es, daß Stoffumfang und Leistungsanforderungen erheblich gestiegen sind.

Und es stimmt, daß Lehrer Menschen sind, die Fehler machen und häufig selbst von den an sie gerichteten Ansprüchen überfordert sind und entsprechend reagieren.

Dennoch ist es wahr, daß die Schule manchmal als Sündenbock herhalten muß für Entwicklungen, für die sie nicht verantwortlich ist, deren Folgen ihr aber angelastet werden.

Dieses Motiv „keine Zeit für die Krankheit" steht meistens auch dahinter, wenn Eltern ihren Kindern prophylaktisch Medikamente oder Stärkungsmittel verabreichen, sobald im Umfeld Erkältungen oder andere leichte Erkrankungen auftreten.

Illusionen über die Begabung

Was soll eine Grundschullehrerin denken, wenn sich bei den ersten Elterngesprächen herausstellt, daß der größte Teil der Väter und Mütter ihr Kind für so begabt hält, daß das Abitur eigentlich selbstverständlich sein sollte: „Wenn es nach den Eltern geht, habe ich in meiner ersten Klasse lauter zukünftige Einsteins!" Das drückt sich zum Beispiel darin aus, daß die meisten Kinder davon überzeugt sind, die Zuneigung der Lehrerin oder des Lehrers sei gewissermaßen leistungsbezogen: Je besser die Noten, desto größer die Freundlichkeit. Also wird für diese Kinder die Angst vor dem Versagen bei einer Klassenarbeit zur Angst vor dem Lehrer.

Dabei wird niemand bestreiten wollen, daß es zwischen den Leistungen des Schülers und dem Verhältnis zur Lehrperson einen Zusammenhang gibt. Und mancher Lehrer mag sich durch die schwachen Leistungen sogenannter schlechter Schüler in seinem Selbstbewußtsein und Ehrgeiz beleidigt fühlen.

Es ist nicht ihre Schuld, wenn Eltern die Begabung und die Fähigkeiten des Kindes überschätzen; und es ist nicht Bosheit, wenn bei Lehrern das Urteil über die tatsächlichen Fähigkeiten eines Kindes anders ausfällt, als es den Vorstellungen der Eltern entspricht.

Sie wollen dem Kind keine „Chance verbauen", wenn sie mit den Eltern über dessen „Schulkarriere" sprechen und dabei hochgespannte Ziele in Zweifel ziehen. Meistens geht es ihnen wirklich darum, dem Kind die Chancen zu eröffnen, die ihm entsprechen. Und schon gar nicht haben sie die Absicht, Kind und Eltern „herabzusetzen". Und wenn darüber geklagt wird, daß in Deutschland zu viele „falsche Kinder die richtigen Schulen besuchen" oder zu viele „richtige Kinder in der falschen Schule sind", sind auch dafür nicht die Lehrer verantwortlich, höchstens müssen sie sich im Einzelfall vielleicht den Vorwurf gefallen lassen, beim Gespräch

Jedenfalls steht fest, daß die heute so viel beklagte Schulangst weit weniger häufig mit der Bosheit oder dem Unverständnis der Lehrer zusammenhängt als mit den Erwartungen im Hinblick auf den schulischen Erfolg des Kindes.

über die Wahl des Schultyps den Eltern ihre Auffassung nicht deutlich genug gesagt zu haben.

Wenn das Verhalten der auf eine möglichst gute Schulkarriere ihres Kindes bedachten Eltern in vielen Fällen auch falsch sein mag – verständlich ist es dennoch. Immerhin gilt die Schule nicht nur in Deutschland als „Agentur für die Vergabe sozialer Chancen". Welche beruflichen Wege und Möglichkeiten einem jungen Menschen offenstehen und welche ihm versperrt bleiben, hängt ja tatsächlich weitgehend von seinem schulischen Erfolg ab. Wen also wundert's, wenn die um das Lebensglück ihrer Kinder besorgten Eltern alle nur mögliche Chancen offenhalten wollen und dafür notfalls eine Überforderung in Kauf nehmen. Daß sie darunter nicht zu sehr leiden müssen, dafür gibt es dann ja Medikamente.

Der Beruf wiederum entscheidet über die Position in der Gesellschaft und letztendlich über die soziale Sicherheit, den Lebenszuschnitt und den Lebensstandard, den der junge Mensch später vermutlich erreichen wird.

Selbstverständlich ist es angenehmer, mit begabten Schülern zu arbeiten und in ihren Leistungen auch den eigenen Erfolg zu erkennen, als schwächeren Schülern manches nur mühsam beizubringen oder sich gar mit Kindern abzuplagen zu müssen, die auf schulischen Mißerfolg geeicht zu sein scheinen.

*Der beste Schutz gegen alle
Arten der Abhängigkeit ist die
liebevolle elterliche Begleitung
eines Kindes...*

*…ist Zuwendung und Unter-
stützung, ist Führen und wach-
sen lassen, bis das Kind sich
das Leben zutraut.*

Grundregeln zum Medikamenten– gebrauch

Für die Behandlung von Kindern mit Medikamenten sollten einige grundsätzliche Regeln gelten

Die Entscheidung über das zu verordnende Mittel muß der verantwortliche Arzt treffen. Eltern haben aber das Recht, Aufklärung über Art, Wirkweise und Nebenwirkungen des Medikamentes zu erhalten.

Erstens: Medikamente sind sinnvoll im Rahmen einer medizinischen Therapie. Ob und welche Medikamente gegeben werden oder gegeben werden müssen, sollte mit dem Arzt oder der Ärztin entschieden werden.

Zweitens: Medikamente müssen angemessen sein, d. h. sie müssen in ihrer Wirkweise der Schwere der Krankheit entsprechen; dabei gilt, daß bei Kindern die mildesten Mittel gewählt werden sollten. Medikamente, die die Selbstheilungskräfte des kindlichen Organismus anregen und stärken, haben den Vorrang vor solchen Präparaten, die „die Krankheit niedermachen".

Eltern sollten den Arzt auch nach möglichen Alternativen zur vorgeschlagenen Therapie fragen und mit ihm gemeinsam überlegen, was geht. In manchen Fällen können alte Hausmittel die modernen Pharmazeutika durchaus erfolgreich ersetzen. Allerdings: Selbstheilung braucht meistens Zeit.

Die Wahl des milderen Mittels hat zudem den Vorteil, daß die wirklich massiven Mittel für den Fall einer schweren Erkrankung in Reserve gehalten werden können. Auch bei Medikamenten gilt der Satz, daß eine zu häufig eingesetzte Waffe stumpf wird. So behält man im Hinblick auf die Medikation immer noch eine Steigerungsmöglichkeit.

Alte Hausmittel haben den Vorteil, daß sie meist frei von Nebenwirkungen sind. Stärkere Mittel sollte in jedem Fall der Arzt verschreiben.

<u>Drittens:</u> Selbstmedikation ohne ärztliche Beratung ist meistens fragwürdig, bei Kindern ist sie abzulehnen. Einmal besteht die Gefahr, daß mangels richtiger Diagnose Wesentliches übersehen wird, daß Symptome bekämpft werden und die Behandlung der Krankheit versäumt wird, daß sie verschleppt wird, was zu schlimmen Folgen führen kann. Zum anderen sind bei vielen der frei verkäuflichen Medikamente und Heilmittel Zweifel an der Art und Weise ihrer Wirkung und im Hinblick auf mögliche Nebenwirkungen nicht ausgeschlossen. Wenn man schon, entsprechend dem Warnhinweis in der Medikamentenwerbung, wegen Risiken und Nebenwirkungen Arzt oder Apotheker befragt, sollte man vor allem die Frage nach den Wirkungen nicht vergessen.

<u>Viertens:</u> Grundsätzlich abzulehnen ist der Einsatz von Medikamenten zur Verhaltenssteuerung und -beeinflussung oder zur Leistungssteigerung bei Kindern. Gelegentlich hört man das böse Wort, wo früher der Stock und die Strafe zur Disziplinierung des Kindes gebraucht worden seien, gebe man heute Psychopharmaka, also Medikamente, die Verhalten, Bewußtsein und seelische Empfindungen beeinflussen.

Wenn man wegen der freiverkäuflichen Mittel ohnehin Beratung in Anspruch nehmen muß, stellt sich doch die Frage, ob dann ein ärztlich verordnetes Medikament nicht vorzuziehen ist.

Bevor man der Pharmazie vertraut, daß sie gesteigerte schulische Leistungen ermöglicht, erscheint es sinnvoll, mit dem Schüler oder der Schülerin die Art und Weise des Lernens und die Frage eines vernünftigen, gesunden Lebens zu diskutieren.

Wenn das Kind durchhängt, wenn es sich langweilt und mit sich nichts anzufangen weiß, wäre es sinnvoller, es anzuregen, es aus seiner Unlust zu befreien, indem man ihm etwas zu tun gibt, das Spaß macht.

Ob es nun darum geht, dem Kind durch ein Beruhigungsmittel die Schulangst zu nehmen, ob man den Zappelphilipp ruhigstellt oder vor Schulaufgaben oder Prüfungen konzentrationssteigernde Präparate reicht, wirklich geholfen wird damit nicht.

Vielmehr müßten die Gründe für die Schulangst aufgedeckt und deren Ursachen beseitigt werden, damit das Kind ohne Angst leben kann; ebenso müßten die Gründe und Ursachen der Hyperaktivität des notorisch unruhigen Kindes festgestellt und behandelt werden.

Medizinische Hilfe ist dringend geboten!

Dazu gehört, daß das betreffende Kind medizinisch gründlich untersucht wird, um eventuelle organische Ursachen zu finden. Dazu gehört aber auch die Therapie durch erfahrene Heilpädagogen oder Psychotherapeuten.

<u>Fünftens:</u> Abzulehnen ist auch die permanente Behandlung von Kindern mit Mitteln gegen sogenanntes „Unwohlsein". Viele Unpäßlichkeiten, unter denen Kinder leiden, hängen nämlich mit der unbefriedigenden, angstmachenden schulischen Situation zusammen. Wer als Erwachsener wüßte nicht, daß Angst, Ärger und Unlustgefühle „auf den Magen schlagen" können. Kindern ergeht es durchaus nicht anders. Und das Kind, das jeden Morgen vor dem Schulweg über Bauchschmerzen und Übelkeit klagt, ist kein Simulant: Es geht ihm schlecht – aber nicht, weil ihm körperlich etwas fehlte, sondern weil es Angst hat, unsicher ist oder sich „sonst nicht gut fühlt".

Aber nicht nur schulische Probleme werden häufig mit den falschen Mitteln, nämlich Medikamenten, bekämpft. Auch andere Unausgeglichenheiten des Kindes versuchen viele Eltern „zu heilen", indem sie zur Pille greifen oder Anregungsmittel verabfolgen, statt ihm einfach mehr Aufmerksamkeit zu schenken.

In diesem Zusammenhang sei vor allem darauf hingewiesen, daß Kinder regelmäßig ausreichend Bewegung brauchen und daß Kontakte zu anderen Kindern und Miteinanderspielen lebenswichtig sind. Ein gesundes Körpergefühl, sich austoben und sich müde spielen, Sport und Bewegung, viele Ideen und die Anregung der Fantasie sind die besten Mittel gegen kindliche Langeweile und Unlustgefühle, gegen das so gefürchtete Durchhängen. Ein Kind, das nach einem Tag voller Anregungen, Bewegung und neuen Entdeckungen abends rechtschaffen müde ins Bett fällt, braucht weder Schlaf- noch Beruhigungsmittel.

Die Eltern als Vorbild – so oder so

Die hier für die Behandlung von Kindern aufgestellten Grundregeln gelten selbstverständlich auch für die Medikation bei Erwachsenen. Einmal, weil es vernünftig ist. Zum anderen aber auch wegen der Vorbildfunktion, die Erwachsene, vor allem die Eltern, für Kinder nun einmal haben.

Wenn Kinder erleben, daß Vater oder Mutter selbst bei jeder Gelegenheit zu Tabletten greifen, lernen sie, das Heil in der Pille zu suchen.

Wie sollen sie dann aber in der Lage sein, Unwohlsein, Mißlaunigkeit oder Probleme auszuhalten, gegen die es keine Pharmazeutika gibt? Vor allem aber besteht die Gefahr, daß auch Unlustgefühle, die keine gesundheitlichen Ursachen haben, sondern durch andere Faktoren ausgelöst wurden, mit Medikamenten bekämpft werden: Die Enttäuschung, weil ein Wunsch sich nicht erfüllte, das Ende einer Kinderfreundschaft, Streit mit einem Spielkameraden, Ärger über den Vater oder die Mutter, das alles und vieles andere ist dann ein Grund zum Griff nach der Tabelette.

Niemand kann seinen Kindern ein Leben ohne Unannehmlichkeiten, Schmerzen und gelegentliche Übelkeit versprechen. Das muß ausgehalten werden.

Das beste Mittel gegen Unlust und Mißstimmung bei Kindern – aber auch bei Erwachsenen – ist und bleibt menschliche Zuwendung. Wer seinen Kindern bei jeder Gelegenheit Medikamente gibt, sollte sich öfter einmal fragen, ob mehr persönliche Anteilnahme nicht wichtiger und besser wäre als die Pille.

Die Möglichkeit des Mißbrauchs schließt den verantworteten Gebrauch nicht aus.

Zuwendung statt Pillen

Höchst fragwürdig ist auch die „Vorbeugung" gegen alle möglichen Krankheiten und Unpäßlichkeiten durch freiverkäufliche Stärkungsmittel oder Medikamente. Eine gesunde Lebensweise, ausgeglichene Ernährung und genügend Bewegung, möglichst bei jedem Wetter in der frischen Luft, sind das beste Belastungstraining. Sie stärken die natürlichen Abwehrkräfte des Kindes und helfen ihm, auftretende Krankheiten zu überstehen. Umgekehrt erfahren Kinder, die beobachten, daß ihre Eltern sich vernünftig verhalten und auch Unpäßlichkeiten und Unwohlsein aushalten, daß diese sich im Kummer einander trösten und auch Schweres miteinander tragen und daß Leben nicht nur „freundlich und hell" ist.

Vom Medikamentengebrauch zur Abhängigkeit

Die Gewöhnung von Kindern an die regelmäßige Einnahme von Medikamenten ist eine der am häufigsten genannten Vorstufen zur späteren Medikamentenabhängigkeit. Und was anfangs vielleicht als wohltuend und entlastend erlebt wird, kann auf die Dauer verhängnisvolle Folgen haben.

Die meisten Eltern sind über Dauer- und Folgewirkungen von Medikamenten nicht informiert, sondern denken nur an den momentanen Effekt. Es ist aber wichtig zu wissen, daß verschiedene Präparate unterschiedliche Formen von Abhängigkeit verursachen können und daß die Lösung aus solcher Abhängigkeit, die mit Sicherheit irgendwann erforderlich wird, sehr schwer und unter Umständen außerordentlich schmerzhaft verläuft.

Dem Fortschritt der Medizin und den Erfolgen der Pharmazie verdanken viele Menschen ihre Gesundheit und ihr Leben. Aber man muß zwischen dem heilsamen Gebrauch und dem riskanten Mißbrauch unterscheiden. Nur darum geht es. Ob es nun um die Medikation oder um Vorbeugung geht, man sollte sich gründlich informieren und beraten lassen. Und der geeignetste Berater ist in aller Regel der Arzt, der das Kind kennt. Aber auch Ärzte sind nicht unfehlbar, darum ist es gut, über Sinn und Wirkung von Medikamenten oder sonstige Mittel zu diskutieren.

Man tut seinen Kindern, wenn man sie an Tabletten gewöhnt, mit Sicherheit keinen Gefallen, aber es kann sein, daß man ihnen das Martyrium eines schmerzhaften Entzugs zumutet.

Eltern sollten auch ihren geliebten Kinderarzt befragen, warum er dies oder jenes tut oder verschreibt.
Wenn Ärzte erkennen, daß Eltern sich lieber vorsichtig in Sachen Medikation verhalten, schließen sie sich sehr oft dieser Einstellung an.

Das falsche Bild von der Sucht

Kaum ein Vater oder eine Mutter mag daran denken, daß das eigene, wohlbehütet aufwachsende Kind einmal derart aus den Gleisen fallen könnte.

Das läßt mögliche Risiken und Gefährdungen übersehen.

Daß Eltern kleiner Kinder sich kaum vorstellen können, daß es auch im Kinderzimmer schon bestimmte, eine spätere Sucht begünstigende Elemente gibt, hängt wohl sehr stark mit einer „falschen Optik" zusammen. Wenn man von Abhängigkeit und Süchtigkeit redet, denken die meisten Menschen wohl unwillkürlich an Heroin und andere sogenannte harte Drogen. Und das Bild des Süchtigen ist für sie der Fixer, diese total kaputte Type, die sich irgendwann den tödlichen Schuß setzt oder an einer Infektion zugrunde geht, die er sich wegen mangelnder Hygiene am Gerät, an der Spritze, zugezogen hat.

Tatsächlich sind die vielbesprochenen und vielbeschriebenen Fixer die wohl bekannteste, aber längst nicht die größte Gruppe sogenannter Abhängiger oder Suchtkranker. Wenn wieder einmal ein Drogentoter auf einer Parkbank oder in einer Bahnhofstoilette aufgefunden wurde, erregt das Aufsehen, steht es in der Zeitung. Dabei ist die Zahl der Menschen, die an den Folgen ihrer Sucht zugrunde gehen, viel größer. Nur in den meisten Fällen erfährt die Öffentlichkeit nichts davon; denn sie sterben ja nicht plötzlich und unter dramatischen Umständen, sondern nach längerem Leiden „ordentlich" in einem Krankenhaus.

Die jährlich zu beklagende Zahl der 1700 Todesopfer aufgrund des Konsums von harten Drogen nimmt sich neben den anderen Suchtopfern vergleichsweise gering aus. Fachleute rechnen damit, daß in Deutschland allein 40 000 Menschen im Jahr den Folgen des Alkoholmißbrauchs erliegen – davon 2000 bei Verkehrsunfällen –, und die Zahl der Nikotintoten wird auf 70 000 jährlich geschätzt.

Auch die Diskussion um die sogenannten weichen Drogen wie Haschisch und Marihuana, und um die Frage, ob sie denn nun süchtig machen oder nicht und ob ihr Gebrauch legalisiert werden soll, trägt zur Verharmlosung bei. Unabhängig davon, wie diese Drogen selbst wirken, liegt eine Gefahr darin, daß sie von vielen, die später als Junkies auffallen, als Einstiegsdroge benutzt wurden und werden. Häufig begann es mit dem Joint und endete bei der Spritze.

Skala der Süchte

Nach gesicherten Schätzungen gab es in den sogenannten alten Bundesländern in der Zeit von 1991 bis 1993 (in den neuen hat die Erfassung erst begonnen):

• 2,5 Millionen Alkoholkranke
• 4 Millionen Nikotinabhängige
• Zwischen 200 000 und 800 000 Medikamentenabhängige
• 80 000 bis 100 000 Abhängige von illegalen Drogen, davon ca. 60 000 Konsumenten von sogenannten harten Drogen wie Heroin und Kokain.

Daneben gibt es ein ganzes Heer von Süchtigen anderer Art, die nach außen kaum auffallen, deren Sucht jedoch sie selbst und ihre sozialen Beziehungen zerstören kann. Dazu zählen 300 000 bis 800 000 Spielsüchtige, die nicht selten ihre ganze Habe und ihre wirtschaftliche Existenzgrundlage dem Spieldrang opfern und damit nicht nur Leid, sondern auch große materielle Not über ihre Familien bringen.

Immer mehr Menschen, ihre Zahl wird auf zwei bis vier Millionen geschätzt, leiden unter krankhaften Eßstörungen wie zum Beispiel an der Eß-Brechsucht (Bulimie) oder an der Magersucht (Anorexia nervosa).

Der in der Tabakwerbung vorgeschriebene Hinweis „Rauchen schadet der Gesundheit!" wirkt offensichtlich kaum. Solange man selbst mit schlimmen Folgen nicht zwangsläufig rechnen muß, bleiben die Hoffnung und die Ausrede: „Warum soll es ausgerechnet mich treffen!"

Schließlich darf nicht übersehen werden, daß auch Medikamente, z. B. Schmerz-, Beruhigungs- und Schlafmittel, gar nicht so selten als Einstiegsdrogen dienen.

Die Amerikaner haben in Anlehnung an ihre Bezeichnung für Alkoholiker (= alcoholics) den Begriff der workoholics erfunden.

Daß zudem vor allem hochqualifizierte Menschen in unserem auf Leistung und Prestige ausgerichteten Wirtschaftssystem regelrecht arbeitssüchtig werden, sollte wenigstens erwähnt werden.

Bei allen diesen Schätzungen ist jedoch zu bedenken, daß die Dunkelziffer recht groß sein kann. So lange sich die Suchterkrankung eines Menschen eben verheimlichen läßt, geschieht dies meistens. Und nicht zuletzt die Angehörigen neigen dazu, die Sache unter allen Umständen unter der Decke zu halten und die Krankheit zu vertuschen. Das hängt sicher zu einem großen Teil damit zusammen, daß Suchterkrankungen eben häufig noch als Makel und als ehrenrührig empfunden werden. So lange aber jemand nicht auffällt, wird er auch nirgends erfaßt. Dies erklärt die Spannbreite bei den Schätzungen.

Wer arbeitssüchtig ist, gilt zuweilen als besonders tüchtig, fleißig und zuverlässig. Soziale Schäden oder gesundheitliche Probleme werden am ehesten von den betroffenen Familien wahrgenommen und beklagt.

Ein kleines Sucht-Lexikon

Begriffe und Schlagworte kurz erklärt

Die hier erläuterten Begriffe haben im Zusammenhang mit der Zunahme der Suchtgefahren eine besondere Bedeutung. Sie werden jeweils nur kurz erklärt, damit der Leser weiß, was gemeint ist, wenn ihm diese Begriffe begegnen. Wer mehr wissen möchte, sei auf die im Literatur-Verzeichnis genannten einschlägigen Bücher verwiesen.

Abhängigkeit

Grundsätzlich bedeutet Abhängigkeit, daß man zum Leben und Überleben auf irgend etwas angewiesen ist. So gibt es die Abhängigkeit von Personen – etwa die des kleinen Kindes von seinen Eltern. Es gibt die Abhängigkeit von Medikamenten, die man zur Erhaltung der Gesundheit regelmäßig einnehmen muß – zum Beispiel die Abhängigkeit des Diabetikers von der regelmäßigen Insulingabe. Es ist üblich geworden, auch im Hinblick auf Suchterkrankungen von „Abhängigkeit" zu reden, um das hart klingende Wort „Sucht" zu vermeiden (siehe „Sucht").

Alkoholismus

Als Alkoholiker bezeichnet man Menschen, die regelmäßig Alkohol zu sich nehmen müssen und infolge des ständigen exzessiven Trinkens Störungen ihrer körperlichen und geistigen Gesundheit aufweisen, Konflikte in ihren persönlichen Beziehungen haben und in ihren

Allerdings wird nur ein geringer Teil der alkoholtrinkenden Menschen, etwa zwei bis drei Prozent, süchtig. Darunter sind siebenmal mehr Männer als Frauen.

Bei längerem regelmäßigen Alkoholmißbrauch verträgt der Trinker immer weniger und gerät schon bei immer geringeren Dosen in den Rauschzustand. Zugleich wächst die Gefahr körperlicher Gesundheitsschäden.

Leistungen nachlassen. Oder bei denen Vorstufen dieser Entwicklung erkennbar sind.

Alkohol ist in Europa die Droge Nummer eins, und bis vor wenigen Jahren gab es regelrechte gesellschaftliche Trinkzwänge. Dies hat sich, nicht zuletzt durch die gesellschaftliche und strafrechtliche Verurteilung von Alkohol am Steuer, inzwischen soweit geändert, daß bei entsprechenden Anlässen jetzt zumeist auch nichtalkoholische Getränke angeboten werden.

Alkohol gilt nicht nur als Genußmittel, sondern auch als Beruhigungsmittel, das seelische Spannungen und Ängste mindert, Niedergeschlagenheit aufhellt und das Einschlafen erleichtert. Gefährlich kann es werden, wenn man sich daran gewöhnt, vor Konflikten in den Alkohol auszuweichen. Das kann zur Sucht führen. Man spricht dann von Problemtrinkern.

Daneben unterscheidet man bei den Alkoholkranken verschiedene Typen. Die bekanntesten sind die Dauertrinker, die sich mit ständigen Mengen Alkohol im Blut zunächst „aufrecht halten", bis sie die Kontrolle über das Trinken verlieren und „entgleisen", und die periodisch Trinkenden, die sich in regelmäßigen Abständen mehrere Tage schwere Räusche verschaffen (Quartaltrinker).

Daß Alkoholismus in manchen Familien in mehreren Generationen vorkommt, legt den Gedanken an erbliche Einflüsse nahe. Andere führen dies auf das Vorbild und andere Faktoren zurück. Andererseits führen die Erlebnisse und Erfahrungen mit ihren Eltern öfters dazu, daß Kinder von Alkoholikern strikt abstinent leben.

Eine Heilung vom Alkoholismus gibt es nicht; wohl aber kann der Kranke lernen, ohne seine Droge zu leben, trocken zu bleiben. Dies ist eine schwere Mühsal, zugleich aber auch seine einzige Chance.

Neben der Entziehungsbehandlung im Krankenhaus

Alkohol wird nicht nur aus Geselligkeit getrunken, sondern er wird auch zur Beruhigung der Nerven, zur Angstbekämpfung oder als Einschlafhilfe eingesetzt.

und einer längerfristigen Therapie in einer Fachklinik kann das Mittun in einer Selbsthilfegruppe (AA-Anonyme Alkoholiker, Kreuzbund, Blaues Kreuz, Guttempler) dem Alkoholiker helfen, mit seiner Krankheit zu leben. Dabei geht es darum, daß er in der Gemeinschaft der Leidensgefährten lernt, zu seiner Krankheit zu stehen und sich als Alkoholiker zu bekennen, und daß sie einander helfen, trocken zu bleiben.

Bulimie
siehe Eßstörungen

Cannabis
Zu den Cannabisprodukten gehören Haschisch und Marihuana. Sie haben ihren Namen vom indischen Hanf (Cannabis sativa), aus dem sie gewonnen werden.
- Marihuana besteht aus getrockneten und geschnittenen Blättern der weiblichen Hanfpflanze.
- Haschisch ist Harz aus den Blütenspitzen der weiblichen Pflanzen, er wird zu Platten oder Kugeln gepreßt, als Pulver oder als Krümel geraucht, in Tee getrunken, in Gebäck gegessen oder inhaliert.

Es gehört zu den Wesenszügen des Alkoholikers, daß er sein Leiden möglichst lange verschleiert. Auch Ärzte erkennen die Ursache der Krankheiten, die sich als Folge des Alkoholmißbrauchs eingestellt haben, häufig sehr spät. Die Gefahr des Rückfalls ist immer gegeben, und das erste Glas Alkohol kann den Erfolg vieler Jahre ruinieren.

Die Wirkung ist je nach Person unterschiedlich: Euphorie, gesteigerte Kontaktfreude, Halluzinationen, Veränderung der Sinneswahrnehmung und des Zeit- und Raumgefühls sowie Schwindel, Erbrechen.

Crack wird geschnupft, manchmal gespritzt und geraucht. Die Todesrate bei Crack-Abhängigen ist besonders hoch.

Bekannte Designerdrogen sind SPEED, ECSTASY und das sogenannte NEUE HEROIN. Letzteres gilt als 7000mal stärker als Morphin.

Haschisch ist in der Wirkung fünfmal so stark wie Marihuana.

Längerfristig können Verlust des Realitätsbewußtseins, übersteigerte Risikobereitschaft und gesundheitliche Störungen beobachtet werden. Häufig tritt der sogenannte Nachhalleffekt auf: Aufgrund der im Körper gespeicherten Restdosis können die Wirkungen plötzlich und unvermutet auch dann eintreten, wenn man gerade den Stoff nicht genommen hat.

Crack

Sie gilt als eine der gefährlichsten Drogen überhaupt. Es handelt sich um eine Kombination aus Kokain und Natriumbikarbonat oder Ammoniumhydroxid (Backpulver). Diese Mischung wirkt deswegen so verheerend, weil sich die Wirkungen der verschiedenen Substanzen gegenseitig potenzieren. Die Wirkung ist ähnlich wie die des Kokain, allerdings setzt sie schneller und heftiger ein und führt zu einem schweren Rausch mit Bewußtseinsstörungen, oft werden die Konsumenten bewußtlos und fallen ins Koma. Bei längerem Gebrauch besteht die Gefahr schwerer, meistens irreversibler Schädigungen von Lunge, Herz und Gehirn.

Designerdrogen

So bezeichnet man die „Drogen der neuen Generation", die in Drogenlabors durch Molekülveränderung bei Medikamenten oder bei den ursprünglichen Rauschmitteln künstlich hergestellt werden. Gefährlich sind sie aus verschiedenen Gründen: Sie sind billig, können in größeren Mengen produziert werden. Sie lassen sich beliebig verändern, je nach Zusammensetzung auch so, daß ihnen mit dem Gesetz nicht beizukommen ist. Ihre Wirkung ist verschieden, der Konsument weiß nicht – anders als bei den „klassischen" Drogen –, auf welches Risiko er sich einläßt. Die Kombination verschiedener Mittel potenziert die Auswirkungen. Die Liste möglicher

Schädigungen umfaßt alles, was auch von anderen Suchtstoffen bekannt ist, bis zum Ausbruch von Geisteskrankheiten oder dem (unheilbaren) Parkinsonschen Syndrom. Bei jeder Einnahme besteht akute Lebensgefahr.

Drogen

Generell alle Substanzen, die unmittelbar auf das zentrale Nervensystem einwirken und aufgrund ihrer chemischen Eigenschaften physiologische Vorgänge im Körper beeinflussen und damit auch seelische Empfindungen verändern. Drogen können pflanzliche, synthetische oder mineralische Stoffe sein. So zählen auch Alkohol, Nikotin, Heroin, Kokain, Haschisch und Marihuana ebenso zu den Drogen wie bestimmte Arzneimittel zur Behandlung seelischer Krankheiten und Störungen (z. B. Psychopharmaka).

Einstiegsdroge

Die erste, meistens leichtere Droge, die jemand nimmt und die ihn verleitet, bei nachlassender Wirkung auf stärkere Mittel „umzusteigen". So liegt die Gefahr der Cannabisprodukte (Haschisch und Marihuana) vor allem darin, daß sie für viele zur Einstiegsdroge wird.

Eßstörungen

Darunter werden hier nicht Appetitlosigkeit und Lustlosigkeit oder Heißhunger verstanden, die im Zusammenhang mit Krankheiten, Unpäßlichkeiten als Symptome oder Folgen auftreten können, sondern süchtiges Verhalten im Zusammenhang mit der Nahrungsaufnahme. Es handelt sich um zwei entgegengesetzte Verhaltensweisen, die aber durchaus im Zusammenhang oder in Wechselbeziehung zueinander vorkommen.

1. Die Eß-Brech-Störung (Bulimie = krankhafter Heißhunger):

Zur Sucht im Sinne einer physischen Abhängigkeit können führen: Alkohol und Nikotin, Morphin, Barbiturate, Kokain, Weckamine, LSD und Cannabis.

Bei der Anorexie nimmt man an, daß die jungen Mädchen sich innerlich unbewußt dagegen wehren, erwachsene Frauen zu werden, und deswegen die Veränderung ihres Körpers zu dem einer reifen Frau ablehnen und bekämpfen.

Der Eßsüchtige steht unter dem Zwang, ständig viel essen zu müssen, und gerät in Panik, wenn die Nahrung ausgeht. Um die Folgen der ständigen Überernährung zu verschleiern und um nicht zu dick zu werden, führt er anschließend regelmäßig ein Erbrechen herbei, indem er – z. B. mit einer Feder – den Rachen reizt. Außerdem nehmen Bulimiekranke meistens in erheblichem Maße Abführmittel und Präparate zur Entwässerung des Körpers (Diuretika). Viele von ihnen treiben übermäßig Sport und bevorzugen dabei extreme Sportarten.

2. Die Magersucht (Anorexia nervosa), die krankhafte Abneigung, an Körpergewicht zuzunehmen.
Die Kranken reagieren auf jede tatsächliche und vermeintliche Gewichtszunahme mit konsequenter Nahrungsverweigerung, und wenn dies nicht möglich ist, versuchen sie mit willkürlichem Erbrechen und dem Einnehmen von Abführmitteln und Diuretika das Dickerwerden zu verhindern.
Gelegentlich reagieren Bulimiekranke, indem sie nach Phasen der Eßsucht eine anorektische Phase anschließen, vom Vielessen zum längerfristigen Hunger übergehen; umgekehrt überkommt auch Magersüchtige gelegentlich ein starker Heißhunger.

Beide Formen der Eßstörung kommen vor allem bei jungen Menschen vor. Meistens sind es junge Frauen zwischen dem Beginn der Pubertät und dem 30. Lebensjahr. Bei der Magersucht spricht man geradezu von einer pubertären Anorexie. Hier liegt die Zeitspanne zwischen 10 und 25 Jahren. Der Anteil der Männer bei diesen Eßstörungen liegt unter zehn Prozent. Bei beiden Formen der Eßstörung findet man die Ursache eher im psychischen als im organischen Bereich, in einem gestörten Verhältnis zum Körper und zur Nahrungsaufnahme.
Die gesundheitlichen Dauerfolgen werden bei beiden Formen weitgehend gleich beschrieben: Aussetzen der

Monatsblutung, niedriger Blutdruck, Haarausfall, Nierenerkrankung und Zahnschäden.

Eine akute Lebensgefahr ist bei Magersüchtigen häufig gegeben bzw. tritt bei ihnen leicht ein, weil der durch den Hunger geschwächte Körper einer Krankheit kaum etwas entgegensetzen kann.

Eßstörungen sind eine Form der Sucht, die Kinder unmittelbar bedroht und schon im Kindesalter erkennbar ist. Daher ist größte Aufmerksamkeit geboten, sind Vorbeugung und rechtzeitige Therapie erforderlich. Unregelmäßigkeiten im Eßverhalten, vor allem bei Mädchen, sind Alarmsignale, die Eltern veranlassen sollten, Rat und Hilfe zu suchen.

Fixer
Heroinsüchtiger, der sich spritzt

Goldener Schuß
Heroinspritze mit tödlicher Folge

Man muß davon ausgehen, daß etwa zehn Prozent der Magersüchtigen sich buchstäblich zu Tode hungern oder bei auftretenden Krankheiten den Folgen der Unterernährung erliegen. Auch die Selbstmordrate ist hoch.

Wenn die Einstiegsdrogen keine rechte Wirkung mehr zeigen, steigen viele Süchtige auf die Nadel um. Hier kommt zum stärkeren Suchtmittel auch noch die Gefahr der verunreinigten Spritze hinzu.

Langzeitfolgen sind Persönlich-
keitsveränderungen, Reizbarkeit,
Verwahrlosung und Verelendung,
schwere bleibende organische
Schäden, Selbstmordgefahr und
häufig Tod durch bewußte oder
versehentliche Überdosierung.

Wegen der sehr schnellen Gewöhnung ständige Dosissteigerung
bei niedriger Vergiftungsgrenze,
daher Lebensgefahr!

Haschisch
siehe Cannabis

Heroin
Dies ist ein Opiumabkömmling und wird aus Morphium gewonnen. Opium ist ein milchiger Saft aus der unreifen Kapsel des Schlafmohns, der vor allem in Vorder- und Ostasien zunehmend angebaut wird. Der Saft wird eingedickt und zu braun-schwarzen Klumpen geformt. Heroin ist ein sogenanntes halbsynthetisches Produkt und kommt als weißes bis hellbraunes Pulver in den Handel. Heroin wird aufgelöst und in die Vene gespritzt, geschnupft, seltener geraucht, häufiger in Kombination mit Kokain und Medikamenten verwendet.
Heroin beeinflußt das zentrale Nervensystem, beruhigt anfänglich, mindert das Schmerzempfinden, löst starke Euphorie und gesteigertes Selbstbewußtsein aus und verändert die Sinneswahrnehmung. Zuweilen kommt es zu Schreckerlebnissen (Horrortrip). Schwere Entzugserscheinungen beim Absetzen.
Heroin erzeugt seelische und starke körperliche Abhängigkeit und gehört zu den gefährlichsten Drogen.

Joint
Selbstgedrehte Haschischzigarette

Kokain
Diese Droge wird aus den Blättern des südamerikanischen Kokastrauchs gewonnen. Es ist ein weißes Pulver, das geschnupft oder in Wasser aufgelöst gespritzt wird. Es führt zu einer Übererregung des Zentralnervensystems, wirkt aufputschend, leistungssteigernd und erhöht das Kontakt- und Redebedürfnis bis zur Hemmungslosigkeit, betäubt Hunger, Durst und Müdigkeit und löst gesteigertes Glücksempfinden aus.
Der Preis dafür: schwere gesundheitliche Dauerschäden und körperlicher Verfall, Halluzinationen, Depressionen

und andere psychische Störungen; Vernachlässigung und Verwahrlosung, bei Verbindung mit anderen Suchtstoffen erhöhte Vergiftungsgefahr.

LSD

Lysergsäurediäthylamid ist ein synthetisches Halluzinogen. Es verstärkt vor allem die Wirkung anderer halluzinogener Drogen. LSD wird als Lösung, Tabletten, Kapseln oder auf Zuckerwürfeln geschluckt.
Bereits wenige Milligramm lösen heftige Halluzinationen aus mit vor allem optischen und akustischen Eindrücken; es kommt zu starker nervlicher Erregung, zu erheblichen Gefühlsschwankungen, zu erhöhter Risikobereitschaft, unkontrollierten Handlungen, oft zum Nachhalleffekt (siehe Cannabis).

Marihuana

siehe Cannabis

Medikamentenabhängigkeit

Medikamente oder Arzneimittel sind natürliche oder synthetische Stoffe, die geeignet sind, körperliche und seelische Abläufe beim Menschen zu beeinflussen. Sie werden verantwortlich eingesetzt, um Krankheiten zu heilen oder um medizinische Eingriffe zu unterstützen. Sie können aber auch mißbraucht werden.
Eine Suchtgefährdung ist vor allem bei Mitteln gegeben, die auf das zentrale Nervensystem einwirken und seelische Veränderungen und Verhaltensänderungen auslösen, die sogenannten Psychopharmaka.
Die Behandlung mit diesen Mitteln gehört in die Hand des Arztes. Dennoch gibt es häufig Mißbrauch. Oft werden Medikamente mit Rauschmitteln kombiniert oder an deren Stelle genommen; etwa größere Mengen kodeinhaltiger Hustenmittel anstelle des fehlenden Heroins.
Schmerzmittel lindern Schmerzen, sind anregend und täuschen ein gesundes Körpergefühl vor – sie verdecken

Entsprechend disponierte Personen erleben Wahnvorstellungen (Horrortrip), geraten in Psychosen und verlieren den Bezug zur Realität. In diesen Fällen akute Selbstmordgefahr. Starke seelische Abhängigkeit.

Bei längerem Mißbrauch führen Schmerzmittel zu Bewußtseinstrübung, zu seelischer Abstumpfung und zu Koordinationsstörungen, häufig verbunden mit Schädigung von Leber und Nieren.

das Symptom, heilen nicht die Krankheit! Schlafmittel fördern das Einschlafen, beruhigen, lösen Ängste, aber „der Schlaf aus der Apotheke" ist näher an der Betäubung als am erholsamen Schlaf.

Beruhigungsmittel wirken entspannend, angst- und spannungslösend, sie verdecken jedoch nur die Ursachen, lösen aber die Probleme nicht.

Anregungsmittel und Weckamine werden als antriebssteigernd, die Aufmerksamkeit und Konzentration fördernd erlebt; sie täuschen Leistungssteigerungen vor und verleiten zur Überschätzung der eigenen Fähigkeiten und damit häufig zur Selbstüberforderung.

Schlaf- und Beruhigungsmittel haben als Folgen oft eine seelische Abstumpfung, Verwahrlosung, körperlichen Verfall; Weck- und Anregungsmittel können längerfristig Wahnvorstellungen, Angstbilder bis zum Verfolgungswahn mit ständigem Mißtrauen und Depressionen hervorrufen.

Die Risiken und negativen Folgen können sich bei unkontrollierter Selbstmedikation vergrößern. Als besonders gefährdet erscheinen Personen, die einerseits starkem Streß ausgesetzt sind, andererseits die Möglichkeit haben, ohne große Schwierigkeiten an die Präparate zu kommen.

Nikotin

Nikotin ist ein Alkaloid im Blatt der Tabakpflanze, es gelangt über den Rauch von Zigarette, Zigarre, Zigarillo oder Pfeifentabak ins Blut. Manche Menschen kauen den Tabak oder schnupfen Tabakstaub.

Raucher empfinden den Tabakgenuß als anregend und beruhigend, er steigert anfangs den Blutdruck, verstärkt die Magensaftproduktion, später überwiegen die negativen Auswirkungen; es kann zu Blutdrucksenkung, Atembeschwerden, Zittern und Verdauungsstörungen kommen. Langfristige Folgen können Krebs (v. a. Lungenkrebs), Atembeschwerden, Herzinfakt, chronische Bronchitis sein.

Kinder und Jugendliche werden besonders gefährdet durch Nachahmung des Rauchverhaltens der Eltern und/oder in der Peergroup. Nicht jeder Raucher wird süchtig, jedoch ist das Risiko wesentlich höher als beim Alkoholtrinken.

Schnee
Szenebegriff für Kokain

Opium
siehe Heroin

Schnüffelstoffe
Dämpfe bestimmter Stoffe, die überwiegend durch die Nase eingeatmet (geschnüffelt) oder in Mund und Nase gesprayt werden. Wegen der leichten Erreichbarkeit, sie sind überall für relativ wenig Geld zu kaufen, liegt in ihnen eine besondere Gefahr für Kinder und Jugendliche, die entweder in entsprechenden Cliquen gemeinsam oder allein schnüffeln. Alles, was „etwas hergibt", wird benutzt: z. B. Nagellackentferner, Klebstoffe, Nitroverdünner, Fettlöser, Haarsprays, Filzschreiber. Schwere gesundheitliche Folgeschäden bis hin zu dauerhaften Wesensveränderungen sind nicht auszuschließen. Akute Lebensgefahr durch Vergiftung, durch Ersticken beim Schnüffeln unter der Plastiktüte oder durch die Explosion von Lösungsmitteln bei gleichzeitigem Rauchen!

Sucht
Der Zwang, sich regelmäßig bestimmte Mittel zu beschaffen. Dabei wird unterschieden zwischen Suchtformen, die an die Einnahme eines bestimmten Stoffes gebunden sind, z. B. Alkohol-, Nikotin- oder Heroinsucht (stoffgebundene Sucht), und solchen, bei denen der Mensch von bestimmten Erlebnissen oder Verhaltensweisen abhängig wird: Spiel-, Arbeitssucht, Eß-Brechsucht oder Magersucht.

Die Gefahr des Rauchens wird dadurch potenziert, daß im Tabak auch noch andere Stoffe gebunden sind, die in den Körper gelangen und in Kombination mit dem Nikotin wirksam werden: Kohlenmonoxid, Teer, Nitrosamine, Stickoxide u.a.

Die Wirkung ist je nach dem benutzten Stoff unterschiedlich. Beobachtet werden Rausch, Betäubung, Bewußtlosigkeit, Erregungszustände, Euphorie, Stimmungsumschwünge, Gleichgewichtsstörungen, Torkeln und Schwanken.

Suchtkennzeichen

1. Das dringende Verlangen oder der Zwang, die Einnahme des Mittels fortzusetzen und es sich auf jeden Fall zu verschaffen (Gefahr der Suchtkriminalität).
2. Das Bedürfnis, die Dosis zu steigern, die Wirkung zu erhöhen.
3. Die psychische und meistens auch physische Abhängigkeit von der Wirkung des Mittels.
4. Die Sucht wird mehr und mehr zum Lebensinhalt, es dreht sich alles um den Suchtstoff und um dessen Beschaffung. Es kommt zur Vernachlässigung von Verpflichtungen, zu Störungen in den familiären und sozialen Beziehungen, zum Persönlichkeitsverfall und häufig auch zu schweren gesundheitlichen Beeinträchtigungen.

Die Behandlung von Suchtkranken ist sehr schwierig. Bei körperlicher Abhängigkeit muß der Entzug medizinisch kontrolliert in einer Klinik erfolgen, danach muß sich eine längere Therapie anschließen. Um die Rückfallgefahr zu verringern, ist in vielen Fällen die Mitarbeit in Selbsthilfegruppen hilfreich.

Wenn Sie Rat brauchen

Wenn Ihr Kind verhaltensauffällig ist, Sie selbst es bemerken oder Sie von Erzieherinnen oder Lehrern darauf aufmerksam gemacht werden, und wenn es sich nicht nur gelegentlich, sondern häufiger zeigt, ist Aufmerksamkeit geboten: Die seelische Gesundheit und Entwicklung Ihres Kindes könnte gefährdet sein. Und das ist in vielen Fällen einer der Gründe für das Abgleiten des Kindes in die Sucht.
Sie sollten nicht zögern, Hilfe in Anspruch zu nehmen. In der Bundesrepublik Deutschland gibt es ein gut ausgebautes Netz von Familien- und Erziehungsberatungsstellen, faktisch finden Sie diese in jeder größeren Stadt. In vielen ländlichen Orten gibt es Außenstellen.

Hilfen und Adressen

Die für Sie richtige Adresse nebst Telefonnummer erfahren sie durch einen Anruf
• Bei dem für Sie zuständigen Jugendamt
• Bei den regionalen Dienststellen der Wohlfahrtsverbände (Caritas, Diakonisches Werk, Arbeiterwohlfahrt, Deutscher Paritätischer Wohlfahrtsverband etc.)
• Bei ihrer Gemeindeverwaltung.

Auch Ihr Hausarzt oder Kinderarzt, die Krankenkassen oder die Telefonseelsorge der Kirchen können Ihnen weiterhelfen.

Wenn Sie das Gefühl haben, Ihrem Kind nicht allein weiterhelfen zu können, sollten Sie sich nicht scheuen, sich bei einer der nebenstehenden Institutionen Hilfe und Rat zu holen.

Bitte bedenken Sie, daß Kinder mit Verhaltensauffälligkeiten medizinische Begleitung und ggf. Behandlung und Psychotherapie durch einen erfahrenen Kinderpsychologen, einen psychologisch geschulten Kinderarzt oder einen Kinderpsychiater brauchen.

Eine ausschließlich medikamentöse Behandlung von Verhaltensauffälligkeiten bei Kindern ist abzulehnen: Ruhigstellen löst kein Problem.

Vermuten Sie jedoch oder haben Sie gar Anlaß zu Befürchtungen, Ihr Kind könnte sich bereits am Rande einer Sucht befinden, oder akut gefährdet sein, sollten Sie nicht zögern, die Hilfe einer Drogenberatungsstelle in Anspruch zu nehmen.

Nach Angaben der Deutschen Hauptstelle gegen die Suchtgefahren gibt es in Deutschland etwa 1000 Drogenanlaufstellen. Jede der obengenannten Einrichtungen und Ämter kann Ihnen weiterhelfen. Sie können aber auch bei überregionalen Organisationen die Ihnen am nächsten gelegene Beratungsstelle erfragen.

Wenn Kinder mit Verhaltensauffälligkeiten von einem Arzt oder Psychotherapeuten behandelt werden, sollten sich auch die Eltern in eine psychologische oder ärztliche Beratung begeben, da sie in solchen Fällen oft sehr verunsichert sind.

- Informationstelefon der Bundeszentrale für gesundheitliche Aufklärung, Ostmerheimerstr. 200 51101 Köln, Tel. 02 21/89 20 31

- Deutsche Hauptstelle gegen Suchtgefahren, Westring 2, 59065 Hamm/Westf. Tel. 0 23 81/97 08 715

- Deutscher Caritasverband e. V. – Referat Gefährdetenhilfe, Karlstraße 40, 79104 Freiburg, Tel: 07 61/20 0-0

- Diakonisches Werk der Evang. Kirche in Deutschland, Suchtkrankenhilfe, Kurt-Schumacher-Straße 2, 34117 Kassel, Tel: 05 61/10 95 70

- Deutsche Arbeitsgemeinschaft für Jugend- und Eheberatung e. V., Münchener Straßen 20, 85774 Unterföhring

Selbsthilfegruppen

In einer Reihe von Städten gibt es auch Selbsthilfe-gruppen für Suchtkranke und -gefährdete sowie für die Eltern suchtgefährdeter Kinder und Jugendlicher. Ihre Treffen werden meistens in der Tagespresse angekün-digt. Kontakadressen sind aber auch über die obenge-nannten örtlichen und regionalen Beratungsstellen, bei Jugend- und Gesundheitsämtern zu erfahren.

Zentrale Auskünfte erteilen:
- In Deutschland: Bundesverband der Elternkreise drogengefährdeter und drogenabhängiger Jugendlicher (BVEK), Westring 2, 59065 Hamm/Westf. Tel.: 0 23 81/90 15 19
- In Österreich: Bundesverband der Elternkreise Drogengefährdeter und Drogenabhängiger, Münzgasse 1, A-5020 Salzburg, Tel. 06 62/84 07 34
- In der Schweiz: Zentralstelle der Elternvereinigung drogenabhängiger Jugendlicher, Stampfenbachstraße 115, 8035 Zürich, Tel.:01/3 63 64 77

Eltern mit Kindern, die unter Eßstörungen leiden, kön-nen sich wenden an:
Aktionskreis Eß- und Magersucht Cinderella e. V. Westendstraße 35, 80339 München, Tel.: 089/5021212

Literatur zum Thema Sucht

Bäuerle, Dietrich: Suchtgefahren, Kinder und Medika-mente, Bergisch Gladbach 1994

Brakhoff, J. (Hg.): Kinder von Suchtkranken – Situati-on, Prävention, Beratung und Therapie, Freiburg 1987

Brüggemann, R.: Pharma-Werbung: Tabletten für alle Fälle, in: Die tägliche Versuchung, Thema Sucht, Hg. Redaktion Psychologie heute. Weinheim 1988

Selbsthilfegruppen sind für Eltern eine sehr gute Einrichtung, um über die eigene Verun-sicherung, die die Krankheit der Kinder bei ihnen oft auslöst, spre-chen und sie bearbeiten zu können.

Deutsche Behindertenhilfe/Aktion Sorgenkind e. V.: Was tun gegen Sucht? 7 Vorschläge für Eltern und Kinder, Frankfurt 1993

Deutsche Behindertenhilfe/Aktion Sorgenkind e. V.: Kinderseelen sind zerbrechlich, Frankfurt 1993

DHS Deutsche Hauptstelle gegen die Suchtgefahren, Jahrbuch Sucht 1994, Geesthacht 1993

Hocker, K. M.: Medikamentensucht – weiß der Doktor, was er tut? in: Suchtreport 3/93

Schmitt-Kilian, J.: Ratgeber Drogen, Vorbeugung, Konfliktlösung, Therapie, Düsseldorf 1994

Wille, R.: Sucht und Drogen und wie man Kinder davor schützt, München 1994

Kinder brauchen die Erfahrung, daß Menschen ihnen Sicherheit und Begleitung bieten. Das ist letztlich der wirksamste Schutz vor Suchtverhalten.

Über den Autor

Barthold Strätling ist hauptberuflich in der Erwachsenenbildung tätig. Schwerpunkte seiner Arbeit sind Ehe, Familie und Erziehung. Sein Hauptaugenmerk richtet er auf das soziale Miteinander – das Leben lernen mit Kindern –, einem spürbaren Defizit unserer Gesellschaft. 15 Jahre lang war Barthold Strätling Chefredakteur einer Familienzeitschrift.

Literatur

Gürtler, Helga: Kinder brauchen feste Regeln. Südwest Verlag. München 1993
Gürtler, Helga: Immer Krach um Teller, Topf und Bett. Südwest Verlag. München 1994
Knapp, Rudolf: Vorbeugung gegenüber Suchtgefahren. Luchterhand Verlag. Neuwied 1989
Schuster-Brink, Carola: Wenn Erziehung an den Nerven zehrt. Südwest Verlag. München 1993
Strätling, Barthold: Streiten, teilen und vertragen. Südwest Verlag. München 1993
Strätling, Barthold: Wenn Ehen in die Jahre kommen. Südwest Verlag. München 1993

Hinweis

Das vorliegende Buch ist sorgfältig erarbeitet worden. Dennoch erfolgen alle Angaben ohne Gewähr. Weder Autor noch Verlag können für eventuelle Nachteile oder Schäden, die aus den im Buch gemachten praktischen Hinweisen resultieren, eine Haftung übernehmen.

Bildnachweis

Das Fotoarchiv: 9, 59 (Henning Christoph), 12 (Tobias Gremme), 32 (Thomas Meyer), 67 (Bernhard Nimtsch); IFA-Bilderteam: 49 (Wolfgang Schmidt), 51 (TPC), 63 (Weststock), 68/69 (Comnet), 81 (Welsh); Mauritius: 14 (Mitterer), 26 (Poehlmann), 36 (Hubatka), 55 (Dr. J. Müller); Hans Seidenabel: Titelbild (U1); Tony Stone: U2 (Martin Rogers); 5 (Dennis O'Clair), 7, 94 (Dan Bosler), 17 (Pascal Crapet), 19 (Paul Rees), 21 (Peter Correz), 24 (Penny Tweedie), 29 (Jon Riley), 38 (Stewart Cohen), 42 (Howard Grey), 64 (Lester Lefkowitz), 71 (Charles Thatcher), 75, 78 (Bruce Ayres), 85 (David Young Wolff), 90 (David Hoffmann), U4 (Ron Sutherland)

Impressum

© 1995 Südwest Verlag GmbH & Co. KG, München
2. Auflage 1995
Alle Rechte vorbehalten

Lektorat: Christel Hofmann
Medizinische Fachberatung: Dr. med. Christiane Lentz
Redaktionsleitung: Josef K. Pöllath
Bildredaktion: Gabriele Duschl
Produktion: Manfred Metzger
Umschlag und Layout: Christine Paxmann, München
DTP/Satz: Kempf & Teutsch, München
Druck: Color-Offset, München
Bindung: R. Oldenbourg, München
Printed in Germany

Gedruckt auf chlor- und säurearmem Papier
ISBN 3-517-01648-9

Register